annabrevet
SUJETS et CORRIGÉS 2019

Histoire Géographie
Enseignement moral et civique

Christophe Clavel
Professeur d'histoire-géographie-géopolitique
à l'IES Normandie
Jean-François Lecaillon
Professeur certifié d'histoire-géographie

Achevé d'imprimer
Par Maury imprimeur à Malesherbes - France
Dépôt légal 04562-0/01 - Août 2018

Imprim'Vert — Votre imprimeur agit pour l'environnement

Hatier

ISSN 1168-3791 ISBN 978-2-401-04562-0

Histoire • Géographie • EMC

Comment utiliser ton Annabrevet 2019 ?

Cela dépend de ton objectif

MON

1 Comprendre le déroulement de **l'épreuve**

- Infos → pages 12-13
- Conseils → pages 14 à 17

2 M'entraîner sur un thème du **programme**

■ en histoire

- L'Europe dans les guerres totales → sujets 4 à 12
- Le monde depuis 1945 → sujets 13 à 18
- Une République repensée → sujets 19 à 25

■ en géographie

- Dynamiques territoriales de la France → sujets 26 à 38
- Aménager le territoire → sujets 39 à 42
- La France et l'Union européenne → sujets 43 à 47

■ en EMC → sujets 48 à 62

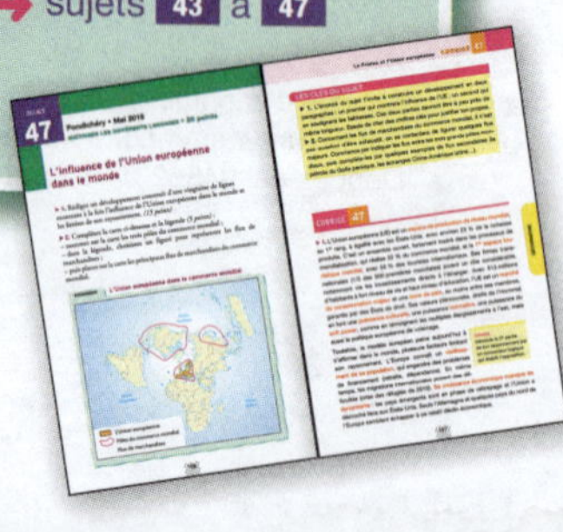

3 Maîtriser les **méthodes du brevet**

- Analyser un document → sujets **15**, **38**
- Réaliser une tâche graphique → sujets **34**, **40**
- Rédiger un développement construit → sujets **6**, **27**
- Mobiliser des compétences d'EMC → sujets **56**, **62**

OBJECTIF

4 Consolider mes **connaissances**

- en histoire → fiches **1** à **11**
- en géographie → fiches **12** à **18**
- en EMC → fiches **19** à **22**

5 Me mettre dans les **conditions de l'examen** et faire un sujet complet

→ sujets **1**, **2**, **3**

Connecte-toi sur www.annabac.com

Grâce à cet ouvrage, accède gratuitement à plein de ressources complémentaires – podcasts, quiz, vidéos, sujets corrigés –, dans toutes les matières.

Pour profiter de cette offre, rends-toi dans la rubrique « Vous avez acheté un ouvrage Hatier ? »

SOMMAIRE

Infos et conseils sur...

62 sujets expliqués et corrigés

Coche les sujets sur lesquels tu t'es entraîné.

Sujet complet de France métropolitaine 2018

Histoire

Exercice 1 : Analyser un document • Exercice 2 : Maîtriser les différents langages

L'EUROPE, UN THÉÂTRE MAJEUR DES GUERRES TOTALES (1914-1945)

Géographie

Exercice 1 : Analyser un document • Exercice 2 : Maîtriser les différents langages

DYNAMIQUES TERRITORIALES DE LA FRANCE CONTEMPORAINE

Les aires urbaines, une nouvelle géographie d'une France mondialisée

Les espaces productifs et leurs évolutions

Les espaces de faible densité et leurs atouts

POURQUOI ET COMMENT AMÉNAGER LE TERRITOIRE ?

Aménager pour répondre aux inégalités entre territoires français

Le mémo du brevet

• Coordination éditoriale : Grégoire Thorel, Adeline Ida et Sarah Basset, assistés d'Anaïs Goin et de Justine Tajan
• Édition : Clothilde Diet
• Graphisme : Tout pour plaire et Dany Mourain
• Maquette : Hatier et Nadine Aymard
• Infographie : Vincent Landrin
• Illustration : Juliette Baily
• Mise en page : STDI

Planifie tes révisions

J –30 Révise des thèmes clés du programme

N°	Thème
Histoire	
9	L'Europe, un théâtre majeur des guerres totales (1914-1945)
15	Le monde depuis 1945
22	Françaises et Français dans une République repensée
Géographie	
32	Dynamiques territoriales de la France contemporaine
41	Pourquoi et comment aménager le territoire ?
44	La France et l'Union européenne
EMC	
56	Le jugement : penser par soi-même et avec les autres

J –15 Travaille les méthodes

N°	Point de méthode
Histoire	
23	Analyser un document
4	Rédiger un développement
Géographie	
29	Analyser un document
45	Rédiger un développement
EMC	
51	Argumenter à partir d'une situation

J –7 Les révisions se terminent !

Entraîne-toi avec un sujet complet (1, 2, 3) dans le temps prévu pour l'examen.

Infos et conseils sur…

L'épreuve d'histoire-géo et EMC

1 Comment s'organise l'épreuve ?

L'épreuve comporte trois exercices : une analyse de document(s), un développement construit et un exercice d'enseignement moral et civique.

A Quelles sont les modalités de l'épreuve ?

1. La durée

- L'épreuve dure **2 heures**. Les trois exercices étant distribués dès le début de l'épreuve, tu peux répartir ton temps comme suit :
  - **45 minutes** pour l'analyse de document(s) ;
  - **45 minutes** pour le développement construit et la tâche graphique ;
  - **25 minutes** pour l'EMC.

- Il te restera ensuite **5 minutes** pour te relire.

2. Le barème

L'ensemble de l'épreuve est noté sur **50 points**. Les deux premiers exercices sont notés sur **20 points** chacun, tandis que l'EMC est noté sur **10 points**.

> REMARQUE **La répartition des points est équilibrée : tu ne dois négliger aucun exercice !**

B Comment se déroule l'épreuve ?

1. Analyser et comprendre des documents

- L'exercice 1 porte sur un document, parfois deux, se rapportant soit au programme d'**histoire**, soit au programme de **géographie**.
- Il a pour objectif de vérifier que tu sais **analyser et interpréter** un document en t'appuyant sur tes connaissances.

2. Maîtriser différents langages pour raisonner

- L'exercice 2 comprend une ou deux questions se rapportant soit au programme d'**histoire** (si la géographie a été traitée dans l'exercice précédent), soit à celui de **géographie** (si l'histoire a été traitée précédemment).

● La première question appelle une réponse rédigée sous la forme d'un **développement construit**, dont la longueur est précisée dans la consigne (généralement une vingtaine de lignes).

● Généralement, une seconde question met en jeu un autre langage, à travers un **support graphique**.

3. Enseignement moral et civique

● L'exercice 3 se rapporte à un thème de ton programme d'EMC. Il comprend un ou deux documents, associé(s) à trois ou quatre questions.

● Il vise à évaluer ta connaissance des **valeurs, principes, notions et acteurs** nécessaires à la vie commune au sein d'une société démocratique.

C En résumé

Épreuve d'HISTOIRE-GÉO. EMC

DESCRIPTIF

2 heures

50 points

3 exercices

- d'histoire
- de géographie
- d'EMC

MÉTHODE

1. Répondez de manière claire et concise aux premières questions portant sur le(s) document(s).
2. Organisez votre développement construit en 2 ou 3 paragraphes.
3. En EMC, essayez de vous projeter dans la situation pratique décrite.

CONSEIL

Pendant l'année, apprenez régulièrement les repères temporels et spatiaux pour pouvoir réaliser la tâche graphique (frise chronologique, schéma, carte).

2 Comment réussir l'analyse de document(s) ?

L'analyse d'un ou de deux documents, en histoire ou en géographie, est guidée par des questions.

A Comment t'y préparer ?

- Tout au long de l'année, tu étudies des documents avec ton professeur. Suivre attentivement ces exercices réalisés en classe est essentiel dans l'optique de l'examen.
- **Le piège à éviter** : considérer que le document te dispense d'apprendre tes leçons, et croire qu'avec un document sous les yeux, tu auras toujours quelque chose à dire. Bien au contraire : un document d'histoire ou de géographie ne peut prendre tout son sens que si **tu y reconnais des éléments de ton cours.**

B Comment faire le jour de l'épreuve ?

- Les questions, au nombre de 4 ou 5, appellent des réponses de longueur inégale. Lis-les toutes avant de commencer à y répondre.
- On te pose généralement, en premier lieu, quelques questions simples pour **identifier et présenter le document** (auteur, date, type, contexte).

> ATTENTION ! **Lis bien les questions : « relever » ou « citer » n'est pas la même chose que « expliquer » ou « montrer ».**

- Ensuite, on te demande de **relever des informations** dans le document, parfois d'**expliquer un extrait** ou un point précis (une phrase d'un texte, un point d'une courbe, un chiffre d'un tableau), puis d'en **dégager le sens** historique ou géographique.
- Enfin, souvent, la dernière question t'invite à mettre en relation différents aspects du document ou de tes réponses pour construire une **réponse plus approfondie**. Là, ta connaissance du cours est essentielle.

C Comment décrocher la mention ?

- Ne te contente pas de paraphraser le document. Efforce-toi d'y retrouver des éléments de ton cours et de les expliciter.
- Utilise le **vocabulaire spécifique**, les mots-clés du chapitre sur lequel porte le document.
- Fais **plusieurs petits paragraphes** pour développer tes idées dans la question de synthèse, qui rapporte souvent de nombreux points.

3 Comment réussir le développement construit et la tâche graphique ?

Le deuxième exercice évalue ta maîtrise de l'écrit (développement construit) et du langage visuel (tâche graphique).

A Comment t'y préparer ?

- Rédiger un développement construit exige deux choses : une bonne **connaissance du sujet** et une certaine **habitude de rédiger**. Les deux viennent en s'entraînant.

- Le sujet porte sur une partie du cours : il n'y a donc guère de surprise à attendre. Apprends tes leçons, **rédige des fiches** et relis-les pour en **mémoriser le plan**.

- Les tâches graphiques doivent elles aussi faire l'objet d'un apprentissage régulier. En **histoire**, il s'agira de placer des dates sur une frise, de nommer une période ou un personnage ; en **géographie** on te demandera de placer des noms sur une carte, de compléter une légende ou un schéma.

B Comment faire le jour de l'épreuve ?

- Commence par la **tâche graphique**. N'y consacre pas plus de dix minutes.

> CONSEIL **N'oublie pas d'apporter une règle et des crayons de couleur !**

- Consacre-toi ensuite au **développement construit**. Là, le piège à éviter est le hors-sujet ! Souligne les termes clés du sujet et définis-les, note au brouillon quelques dates ou personnages en histoire, quelques chiffres ou localisations en géographie. Rédige ton développement en organisant ton propos en **deux ou trois parties**.

C Comment décrocher la mention ?

- **Soigne** la tâche graphique : écris lisiblement, colorie proprement. Cela t'évitera de perdre bêtement des points !

- Pour le développement construit, veille à employer le **vocabulaire spécifique** de chaque leçon, que le correcteur s'attend à trouver.

- Une phrase d'**introduction** et une de **conclusion** te permettront à coup sûr de gagner des points. En géographie, un petit **schéma** (propre et dans le sujet) sera très vivement apprécié.

> REMARQUE **Les correcteurs ont toute liberté pour ajouter des points hors barème afin de valoriser une copie particulièrement brillante.**

4 Comment réussir l'exercice d'EMC ?

L'évaluation des compétences d'EMC repose sur un ou plusieurs documents et sur une mise en situation.

A Comment t'y préparer ?

- Le programme d'EMC n'est pas très long, mais il faut surtout en comprendre la dimension civique et morale. On attend donc de toi de la **réflexion personnelle** et de l'**engagement**.
- L'épreuve d'EMC comporte **un ou deux documents**, que tu devras étudier en répondant à quelques questions, de façon tout à fait comparable à l'histoire ou à la géographie.
- La dernière question comporte une **mise en situation pratique**. Tu dois te projeter dans la situation proposée et rédiger ta réponse en intégrant des éléments de connaissances. La longueur demandée est précisée dans la consigne.

B Comment faire le jour de l'épreuve ?

- La plupart des éléments permettant de répondre aux questions se trouvent dans le ou les documents. Mais il peut aussi y avoir des questions de définition.
- La dernière question est celle qui rapporte le plus de points. Commence par noter au brouillon les **connaissances essentielles** qui se rapportent au sujet. Puis, toujours au brouillon, bâtis le **plan** de ta réponse, afin de développer des arguments construits tout en respectant la forme demandée (lettre, discours devant les autres élèves, etc.).

> ATTENTION ! **Évite les jugements rapides. Reste toujours nuancé et réfère-toi aux principes démocratiques vus en cours.**

C Comment décrocher la mention ?

- Les **méthodes rédactionnelles** vues en cours de français te seront certainement très utiles pour la question finale : procédés d'argumentation, caractéristiques des différents types de texte, etc.
- Si tu as quelque connaissance de l'**actualité**, il est recommandé de t'en servir si elle s'applique au sujet.
- N'oublie pas que l'épreuve d'EMC permet de montrer ton **engagement**. Il est toujours très valorisé de montrer en quoi le sujet te concerne personnellement, en tant que jeune et futur citoyen.

5 Comment te préparer à l'examen ?

Les épreuves finales du brevet constituent ton premier examen. Cela peut générer du stress. Mais, si tu es en bonne forme et que tu as travaillé régulièrement tout au long de l'année, tu n'as aucune raison de t'inquiéter.

A De manière générale

1. La préparation physique

- Il est recommandé de **dormir correctement** dans les deux derniers mois avant l'examen. Le manque de sommeil risque en effet de réduire tes performances intellectuelles.
- Pour mieux gérer ton stress, continue de **faire du sport**, sans excès, dans les jours qui précèdent l'examen.

2. La préparation intellectuelle

Cette préparation-là s'effectue tout au long de l'année.

- En premier lieu, sois **attentif en cours**.
- **Apprends tes leçons** au fur et à mesure ; n'attends pas le contrôle. Donne du sens à ce que tu apprends : n'hésite pas à expliquer, à l'oral ou à l'écrit, le contenu de ta leçon à un proche ou à un camarade de classe.
- Lors de la préparation d'un contrôle, entraîne-toi à **extraire de ta mémoire** ce que tu y as mis. Révise pour de vrai !

> ATTENTION ! **Réviser n'est pas seulement relire. Il faut reformuler mentalement ce que tu lis et, si possible, par écrit, devant une feuille blanche.**

B Dans chaque discipline

- En **mathématiques et en sciences**, fais une fiche de révision par chapitre : note les définitions et les propriétés à connaître, illustrées par des exemples rédigés.
- En **français**, prends le temps nécessaire pour lire attentivement les textes qu'on te donne à lire à la maison (sous forme d'extraits ou d'œuvres complètes).
- En **histoire, géographie et EMC**, pour chaque chapitre, note les points principaux en t'appuyant sur ton cours ou ton manuel.

62 sujets expliqués

... et corrigés

SUJET 1

France métropolitaine • Juin 2018

ANALYSER UN DOCUMENT • 20 points

Un enfant dans la Résistance (1943-1944)

DOCUMENT **Le témoignage de Jean-Jacques Auduc**

Mon travail était de récupérer les messages. Je venais à bicyclette, de chez ma grand-mère. Je récupérais les messages ; j'en récupérais d'autres que me donnait André Dubois. Et je rentrais à Foulletourte[1]… 25 kilomètres à l'aller, 25 kilomètres au retour. J'avais 12 ans. Je franchissais les barrages allemands sans être inquiété. Je cachais les messages dans la pompe de mon vélo.

Outre mes activités d'agent de liaison, on m'envoyait aussi dans les endroits où les adultes ne pouvaient pas aller. Par exemple, les Allemands avaient positionné sur le terrain d'aviation du Mans trois escadrilles de bombardiers « Junker ». Les Anglais les avaient repérées et ça les inquiétait. […] On m'a envoyé avec un cerf-volant et je me suis approché le plus près possible. Les gardes – c'étaient de vieux soldats allemands – se sont même mis à jouer avec moi. À un moment, en me baissant, je me suis aperçu que les avions en question étaient en bois… C'était des leurres ! J'ai signalé ça. Les Anglais ont été rassurés. […] Il n'y avait qu'un enfant qui pouvait s'approcher sans éveiller la méfiance des soldats. C'était le 21 septembre 1943 ; pour cette action, je recevrai, le 13 juin 1945, la Croix de guerre avec étoile de vermeil. […]

En novembre 1943, mes parents ont donc été arrêtés sur dénonciation. Moi, j'étais parti chez ma grand-mère pour apporter des plis. Les voisins m'attendaient au bout de la rue : « Surtout tu rentres pas chez toi parce que la Gestapo t'attend. » Les Allemands voulaient absolument me prendre pour me faire parler.

On avait prévu, en cas d'arrestation, que j'aille à Chartres, chez un commandant d'aviation. Je suis parti, sans argent, sans ticket d'alimentation, sans papiers ! Traqué par la Gestapo. Ne sachant pas ce que mes parents étaient devenus. […]

Entre-temps, mes parents avaient été déportés. La Gestapo ne s'intéressait plus à moi. J'ai pu rentrer chez ma grand-mère. J'ai repris l'école avec l'idée de m'engager dans les FFI[2] pour aller libérer les camps et mes parents. C'est ce que j'ai fait à l'automne 1944. J'ai rejoint les FFI de Foulletourte. On traquait les Allemands en déroute. Mais je ne suis pas allé plus loin. J'étais trop jeune pour m'engager chez le général Leclerc[3]. Les Anglais m'ont récupéré, encore une fois. Ils m'ont emmené en Angleterre. J'ai vécu dans une famille d'officiers jusqu'au retour de mes parents.

D'après Philippe Chapleau, *Des enfants dans la Résistance (1939-1945)*, Éditions Ouest France, 2008.

1. Foulletourte : commune située dans l'ouest de la France.
2. Forces françaises de l'intérieur : regroupement des principaux réseaux de résistants combattant en France.
3. Général Leclerc : officier général des Forces françaises libres devenues l'armée française de la Libération à partir d'août 1943.

▶ **1.** Présentez l'auteur de ce témoignage. *(2 points)*

▶ **2.** Décrivez la situation de la France au moment des faits racontés. *(4 points)*

▶ **3.** Indiquez les différentes missions confiées à Jean-Jacques Auduc et la raison pour laquelle la Résistance fait appel à lui. *(6 points)*

▶ **4.** Relevez les principaux acteurs de la lutte contre les Allemands avec lesquels il a été en contact. *(4 points)*

▶ **5.** Expliquez pourquoi les actions de la Résistance pouvaient être dangereuses. *(4 points)*

LES CLÉS DU SUJET

Comprendre le document

Le document est un témoignage, celui d'un enfant : Jean-Jacques Auduc. Il n'a que huit ans en 1939 quand la guerre éclate, quatorze en mai 1945. Son récit est publié en 2008 par un historien (Philippe Chapleau). La date à laquelle il a été recueilli par ce dernier n'est pas connue. Elle est sans doute tardive. Le témoin rapporte les actions qu'il a accomplies pour le compte de la Résistance entre 1943 (ses douze ans) et 1944 (la Libération). Il évoque aussi les conséquences de ses actes pour lui et sa famille.

Répondre aux questions

▶ **1.** Calcule l'âge de Jean-Jacques Auduc au fil du texte. Quelle est sa situation familiale après novembre 1943 ?

▶ **2.** Calcule la date de la première action de Jean-Jacques à partir de l'âge qu'il a. Puis utilise celles qu'il donne dans la suite de son récit. Quel est le régime politique de la France, sa situation militaire ? Quelle grande opération a lieu en juin 1944 ?

▶ **3.** Qu'est-ce qu'un « agent de liaison », un « leurre » ? Quel type de travail fait Jean-Jacques Auduc quand il informe les Anglais ?

▶ **4.** Qui lui commande d'aller voir les bombardiers allemands ? Utilise aussi la note 2. Pourquoi ses parents sont-ils arrêtés par la Gestapo ?

▶ **5.** Comment la Gestapo faisait-elle « parler » ses prisonniers ? À quel sort Jean-Jacques veut-il échapper en se cachant ? Que sont devenus ses parents ?

CORRIGÉ 1

▶ **1.** Jean-Jacques Auduc est un enfant. Il a entre huit et quatorze ans pendant la guerre. À partir de novembre 1943, c'est un adolescent livré à lui-même et en fuite : ses parents ont été arrêtés.

▶ **2.** Entre 1943 et 1944, la France, vaincue en juin 1940, est occupée. La zone libre sous le contrôle du régime de Vichy a été envahie par les Allemands. Contre l'occupant, la Résistance s'organise. Elle aide les Alliés et la « France libre » du général de Gaulle à préparer la Libération. En juin 1944, le débarquement en Normandie annonce celle-ci et la fin de la guerre en Europe (mai 1945).

> GAGNE DES POINTS
> Sois précis dans les informations que tu donnes. Date les événements, localise-les quand c'est possible.

▶ **3.** Comme « agent de liaison » (l. 7), Jean-Jacques Auduc transporte des messages de la Résistance à l'insu des Allemands. Il fait aussi du renseignement, découvrant que les bombardiers qui inquiètent les Alliées sont des faux, des « leurres » (l. 15).

Les résistants l'utilisent parce que les Allemands ne se méfient pas d'un enfant qui va voir sa grand-mère (l. 2) ou qui joue (l. 13).

> INFO +
> En juin 1943, Jean Moulin fut envoyé en France par le général de Gaulle pour fédérer les mouvements de la Résistance. Arrêté, il meurt le 8 juillet 1943 lors de sa déportation vers l'Allemagne.

▶ **4.** Jean-Jacques Auduc est en contact avec des résistants qui travaillent pour le compte des Anglais (l. 10 et 15). Ces résistants sont peut-être ses parents. En 1944, il entre en contact avec les combattants de la Résistance (les FFI, Forces françaises de l'intérieur).

INFO +
Le maquisard est un résistant armé qui se cache dans des régions difficiles d'accès (montagnes, forêts).
Il participe au travail de renseignement et se prépare à combattre en soutien des forces alliées. Parfois, il aide des réfugiés à franchir les frontières.

▶ **5.** Les actions de la Résistance sont dangereuses en cas d'échec ou de « dénonciation » (l. 20). La police politique allemande (ou Gestapo) emprisonne les résistants et les torture pour leur soutirer des informations. Le résistant est ensuite déporté, comme le sont les parents de Jean-Jacques Auduc, ou fusillé.
Le résistant engagé dans des unités combattantes (FFI) peut être tué lors d'un affrontement avec l'ennemi.

SUJET

2

France métropolitaine • Juin 2018

MAÎTRISER LES DIFFÉRENTS LANGAGES • 20 points

Les territoires ultramarins français : problèmes spécifiques et aménagements

▶ **1.** Rédigez un développement construit d'environ vingt lignes pour montrer les problèmes spécifiques rencontrés par les territoires ultramarins français et les aménagements réalisés pour tenter d'y remédier. Vous pouvez prendre appui sur un exemple étudié en classe. *(13 points)*

▶ **2.** L'organisation du territoire français *(7 points)*

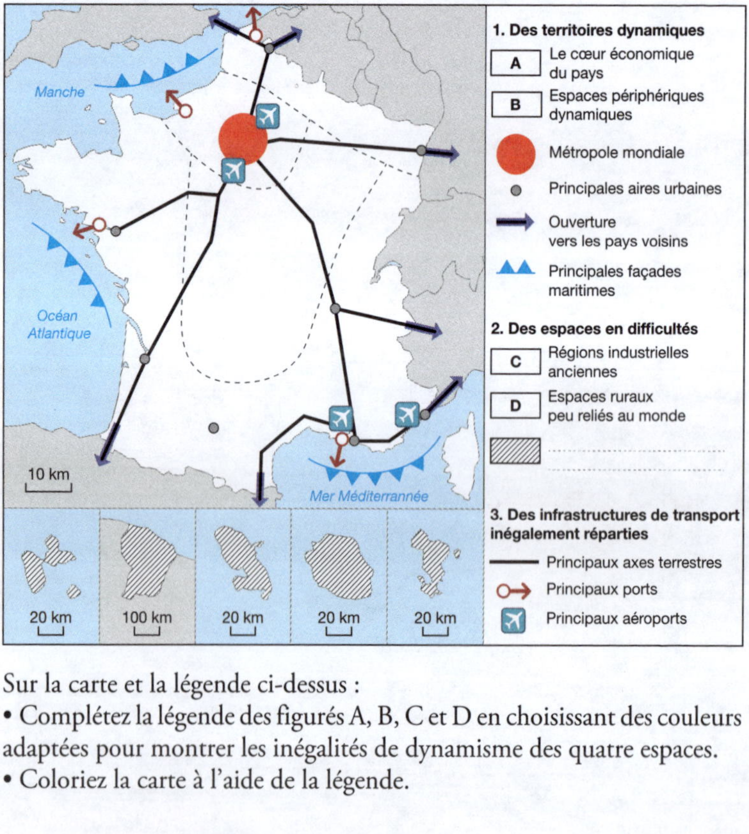

Sur la carte et la légende ci-dessus :

- Complétez la légende des figurés A, B, C et D en choisissant des couleurs adaptées pour montrer les inégalités de dynamisme des quatre espaces.
- Coloriez la carte à l'aide de la légende.

• Complétez la légende en indiquant l'information qui correspond au figuré hachuré.
• Localisez et nommez quatre aires urbaines de votre choix.
• Expliquez le choix du figuré pour les façades maritimes.

LES CLÉS DU SUJET

▶ **1.** Le sujet invite à construire un développement en deux parties : dans la première, présente les problèmes spécifiques auxquels sont confrontés les territoires ultramarins français ; dans la seconde, explique les aménagements mis en place pour les surmonter. Pense bien aux différents acteurs (locaux, national, européen) qui interviennent.
En introduction, pense à présenter la diversité des territoires ultramarins : cela montrera que tu maîtrises ton sujet et valorisera ta copie.

CORRIGÉ 2

▶ **1.** Répartis sur tous les océans, les territoires ultramarins français présentent une grande diversité de statuts (DROM, COM, POM…), de climats et de populations. L'outremer compte 2,7 millions d'habitants, dont 2,1 millions pour les seuls DROM.

Ces territoires partagent des contraintes. Ils souffrent de handicaps spécifiques, que l'Union européenne a rassemblés sous le vocable d'ultrapériphérie. Souvent insulaires (Guadeloupe, Réunion…) et soumis à des risques naturels importants (volcanisme et cyclones dans les Antilles et à la Réunion), ils ont une superficie généralement faible, ce qui les prive de ressources naturelles importantes, excepté le nickel en Nouvelle-Calédonie. Ils sont donc dépendants pour leur approvisionnement, mais leur éloignement de la métropole et leur isolement entraîne des surcoûts importants. Les économies ultramarines, subventionnées par l'État, sont fragiles (chômage).

> CONSEIL
> Attention, des territoires ont une superficie importante, comme la Guyane. Pense à nuancer ton propos.

Les acteurs à tous les niveaux tentent d'atténuer ces contraintes par des aménagements ou des politiques. La politique de continuité territoriale, mise en œuvre par l'État, prend en charge les surcoûts liés à la distance ; la politique de convergence de l'UE se traduit par des subventions européennes.

Les aménagements s'efforcent d'améliorer l'accessibilité, et donc la compétitivité de l'outremer, à travers la construction ou la rénovation de ports, d'aéroports, ou de routes. Ainsi, la « nouvelle route du littoral », à la Réunion, en voie d'achèvement, doit décongestionner l'axe principal de l'île, entre le port et la capitale.

GAGNE DES POINTS
Développe un exemple d'aménagement vu en cours.

▶ 2.

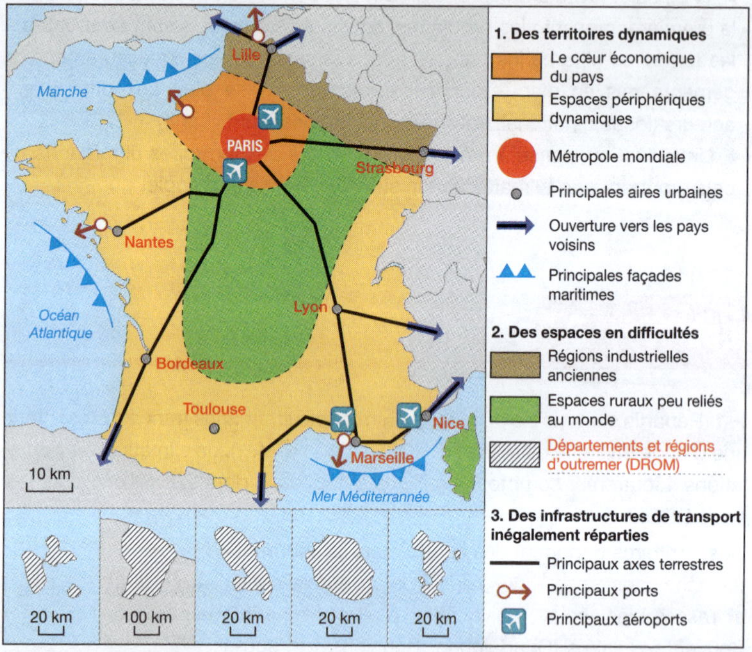

Le figuré des façades maritimes est un symbole d'interface qui insiste sur les connexions de la France au reste du monde.

France métropolitaine • Juin 2018
ENSEIGNEMENT MORAL ET CIVIQUE • 10 points

Le règlement intérieur d'un collège

DOCUMENT 1 **À quoi sert un règlement intérieur ?**

Le règlement intérieur fixe l'ensemble des règles de vie dans l'établissement. Par exemple, il édicte[1] les horaires d'entrée et de sortie et précise les conditions d'exercice de la liberté d'expression des élèves, les conditions d'accès et les usages de l'établissement. [...]

Les règles sont rédigées par la direction de l'établissement, en concertation avec les autres membres de la communauté éducative [...].

C'est sur ce document que vous saurez ce qui est interdit ou non. L'interdiction de certains vêtements (casquette, short, etc.) peut être prévue ainsi que les sanctions qui s'y rattachent. C'est aussi dans ce document que sont autorisés ou non le téléphone portable, les baladeurs, les casques... Le principe demeure que ce qui n'est pas interdit par le règlement intérieur est permis, si, bien entendu, cela est aussi permis à l'extérieur. [...]

Le règlement intérieur garantit la liberté d'information et d'expression, les principes de laïcité et de pluralisme, le cadre disciplinaire applicable à chaque établissement, l'interdiction de certaines pratiques comme le bizutage, et prévoit les sanctions applicables.

Centre d'information et de documentation jeunesse (CIDJ), 2016.

1. Édicte : impose.

DOCUMENT 2 **Extrait du règlement intérieur d'un collège**

Le règlement intérieur met en application :
- La liberté d'information et d'expression.
- Le principe de neutralité politique, idéologique et religieuse.
- Le respect des principes de laïcité et de pluralisme.
- Le devoir de tolérance et le respect d'autrui.

• Les garanties de protection contre toute agression physique ou morale et contre toutes discriminations. Il en découle pour chacun le devoir de n'user d'aucune forme de violence.
• L'égalité des chances et de traitement entre filles et garçons.

Site Internet du collège de Rousset (Bouches-du-Rhône).

▶ **1.** Relevez deux valeurs de la République auxquelles font référence les deux documents.

▶ **2.** Nommez un texte qui garantit ces valeurs pour tous les citoyens.

▶ **3.** Reproduisez sur votre copie le tableau ci-dessous. À partir des deux documents, complétez le tableau en donnant deux interdictions et deux garanties présentes dans un règlement intérieur.

Le règlement intérieur interdit…	Le règlement intérieur garantit…
•	• ....
•	• ....

▶ **4.** Vous accueillez dans votre collège des élèves de CM2. À un écolier qui vous dit que « connaître le règlement intérieur ne sert pas à grand-chose », vous répondez en lui montrant ce qui fait l'intérêt du règlement et la nécessité de bien le connaître.
Votre réponse ne comportera aucune information d'identité ou de signature.

LES CLÉS DU SUJET

Comprendre les documents

• Le document 1 est un texte du CIDJ (Centre d'information et de documentation jeunesse). Le CIDJ est une association loi 1901, créée en 1969 par le ministère de la Jeunesse et des Sports et placée sous le haut patronage du ministère de l'Éducation nationale. Son rôle est d'offrir à tous les jeunes un accès égal à l'information nécessaire à leur autonomie.
• Le document 2 est un extrait du règlement intérieur d'un collège des Bouches-du-Rhône. Ce pourrait être le tien. Autrement dit, ce document t'incite à te mettre en situation.
• Note que les questions ne font explicitement référence à aucun document en particulier. Tu dois donc les utiliser tous les deux pour tes réponses.

Répondre aux questions

▶ **1.** Les grandes valeurs de la République sont contenues dans sa devise « liberté, égalité, fraternité », à laquelle on peut ajouter « laïcité ».

▶ **2.** Tu as le choix entre plusieurs textes : privilégie le plus récent.

▶ **3.** Inutile de disserter sur ces exemples d'interdiction et de garantie : relève simplement les informations nécessaires.

▶ **4.** Veille à te mettre en situation, en donnant dans ton texte quelques éléments de mise en scène. Sur le fond, attache-toi à montrer que les valeurs de la République se traduisent dans le règlement intérieur. Il est fortement conseillé de construire rapidement un plan au brouillon pour identifier les parties principales de ton argumentation.

CORRIGÉ 3

▶ **1.** La liberté et la laïcité sont des valeurs de la République présentes dans les deux documents : la liberté aux lignes 15 (doc. 1) et 2 (doc. 2) ; la laïcité aux lignes 16 (doc. 1) et 4 (doc. 2).

CONSEIL
Tu peux citer les lignes des documents pour justifier ta réponse.

▶ **2.** De nombreux textes, tout au long de l'histoire de la France, ont affirmé ces grands principes (liberté, égalité, fraternité, puis laïcité). On peut citer la *Déclaration des Droits de l'Homme et du Citoyen* du 26 août 1789 ou, plus récemment, la Constitution de 1958, qui est la base de notre système politique et qui garantit ces valeurs aujourd'hui.

▶ **3.**

Le règlement intérieur interdit…	Le règlement intérieur garantit…
• toute forme de violence	• la protection contre toute agression physique ou morale
• certaines pratiques comme le bizutage	• l'égalité des chances et de traitement entre filles et garçons

▶ **4.** C'est la journée d'accueil des CM2 : les futurs élèves de sixième viennent visiter le collège. Notre classe les reçoit et le professeur leur explique les grands principes du règlement intérieur. L'un des CM2 se penche vers moi et me souffle, l'air complice :

GAGNE DES POINTS
Quelques lignes pour introduire le sujet et te mettre en situation sont bienvenues.

« Connaître le règlement intérieur ne sert pas à grand-chose.

– Tu te trompes, lui dis-je. Le règlement intérieur regroupe des règles de vie commune. Il donne d'abord des renseignements pratiques : ne veux-tu pas savoir à quelle heure tu sors du collège ? ou si tu peux utiliser ton téléphone dans la cour pendant la récréation ? Préfères-tu être puni pour avoir fait quelque chose d'interdit et découvrir après coup cette interdiction ?

Le règlement te dit aussi quels sont tes droits. Par exemple, si un grand de troisième te brutalise, tu sais que c'est interdit et que tu es protégé par ce règlement qui bannit le bizutage. Mais le règlement te dit également que ces droits correspondent à des devoirs : tu dois respecter les autres comme les autres doivent te respecter.

Un règlement intérieur te donne donc les recettes pour vivre ensemble.

– Pourtant, ce n'est pas très long, le règlement intérieur », me répond le futur élève de sixième. Il me fait rire.

« C'est que, répliquais-je, tout ce qui n'est pas interdit est permis, à condition que cela soit aussi permis à l'extérieur de l'établissement. Tu sais, la loi est la même pour tous et les règles du collège ne sont pas différentes de celles qui s'appliquent au-dehors.

CONSEIL
N'hésite pas à réutiliser des mots-clés ou expressions tirés des documents.

En tant que collégiens, on se forme à devenir plus tard des citoyens responsables. Tes professeurs t'apprendront les grandes valeurs de la République et tu verras que ce sont les mêmes que celles que tu auras appris à respecter dans le collège. Le collège, c'est une République en miniature ! »

« Un peu de silence, dans le fond ! » C'est le professeur qui nous rappelle à l'ordre. Il ne peut pas savoir que je viens d'expliquer l'intérêt du règlement intérieur à mon petit voisin.

Centres étrangers • Juin 2017

MAÎTRISER LES DIFFÉRENTS LANGAGES • 20 points

Les violences de guerre

▶ **1.** Rédigez un développement construit d'environ vingt lignes décrivant les violences subies par les combattants et les civils au cours de la Première Guerre mondiale. Vous pouvez vous appuyer sur les exemples vus en classe.

▶ **2.** Complétez la frise chronologique et le tableau :
– nommez la période représentée en grisé sur la frise ;
– indiquez l'année de chaque événement dans le tableau ;
– reportez précisément sur la frise les numéros des événements du tableau.

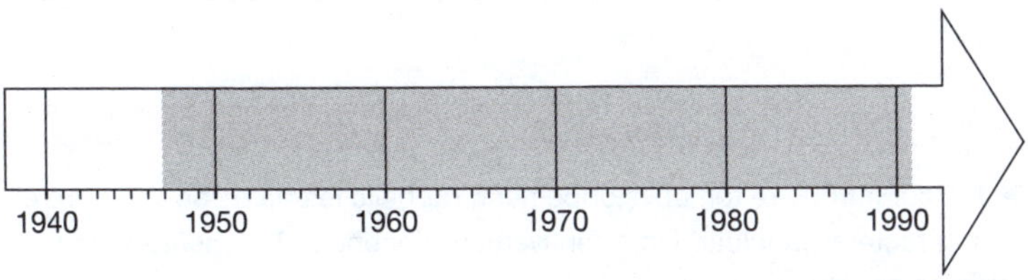

❶

ph © Keystone-France

Indépendance de l'Algérie

Année : …………

❷

Coll. Dixmier/KHARBINE-TAPABOR

Création de l'ONU

Année : …………

❸

© Europa Grafica-Commission européenne/DR

Traité de Rome

Année : ……………

❹

ph © Stinger/Reuters

Chute du mur de Berlin

Année : ……………

LES CLÉS DU SUJET

▶ **1.** Pour introduire ton développement, rappelle les dates de la guerre et son caractère principal. Lis attentivement l'énoncé : il t'oriente vers une réponse en deux parties.

Recense les exemples vus en cours et classe-les par catégories.

Dans ta conclusion, énonce un autre caractère important de la guerre et mentionne l'espoir pacifiste des survivants : que signifie l'expression « Der des der » ?

CORRIGÉ 4

▶ **1.** De 1914 à 1918, une guerre mondiale ravage l'Europe. C'est une guerre totale. Elle touche non seulement les militaires, mais aussi les civils. Tous subissent de terribles violences.

• Lors des combats, les militaires sont exposés à l'utilisation d'armes puissantes qui font d'importants dégâts : mines, grenades et obus déchiquettent les corps. Les « gueules cassées » et les invalides témoignent de ces violences physiques. Les

Info +
Les « gueules cassées » sont des soldats défigurés par les projectiles qui les ont atteints.

préparations d'artillerie avant les assauts assourdissent les hommes et leur déchirent les tympans. Les gaz asphyxient les combattants, leur brûlent les yeux et les tuent en leur infligeant de terribles souffrances.

Dans les tranchées, la violence est aussi psychologique. La peur est permanente. L'exposition aux intempéries (pluies, gel, chaleur) et la dureté de la vie démoralisent.

• Les civils sont parfois pris pour cible dans le cadre des bombardements. Des villes sont transformées en champs de ruines. Les populations vivent dans la peur d'être ensevelies dans leurs abris. Eux-mêmes effrayés par les violences qu'ils subissent, des soldats ennemis agressent les populations désarmées. Dans le cadre d'opérations de représailles, ils brutalisent des otages. Ils s'en prennent parfois aux femmes. Des viols ont lieu. Les réquisitions sont aussi l'occasion de mauvais traitements infligés aux personnes qui résistent.

Info +
Des villages comme Regniéville ont été si détruits qu'ils n'ont pas été reconstruits après la guerre.

Contre toutes ces violences, les hommes se sont parfois insurgés (mutineries de 1917, grèves à l'arrière). L'épreuve fut telle que les survivants jurèrent que la guerre qu'ils venaient de vivre serait la dernière, que « plus jamais » les populations ne devraient être soumises à pareil calvaire. Totale, la Grande Guerre fut aussi une guerre brutale.

HISTOIRE

▶ **2.**

❶ Indépendance de l'Algérie : 1962.

❷ Création de l'ONU : 1945.

❸ Traité de Rome : 1957.

❹ Chute du mur de Berlin : 1989.

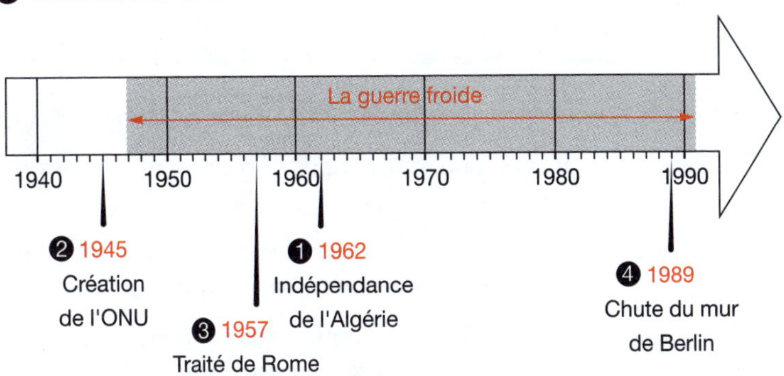

SUJET

5

D'après France métropolitaine • Juin 2015

ANALYSER UN DOCUMENT • 20 points

La chanson des loisirs

DOCUMENT ***La Chanson des loisirs***
(Paroles et musique de Jean Villard-Gilles, 1936)

Ah ! Qu'elle était longue la semaine
Sans débrayer[1], sans repos, sans espoir.
Mais aujourd'hui, voici la vie meilleure
L'usine n'est plus la prison,
On peut rêver d'air pur et d'horizon
Et de bonheur dans la maison.
Hardi[2] ! les gars, voici les quarante heures
À nous l'espace au cours du bel été
Hardi ! les gars car la vie est meilleure
Au bon vent de la liberté !
Hardi ! les gars car la vie est meilleure
Au bon vent de la liberté !

Été 36, sur la route des vacances en images et en chansons,
Martin Pénet, Omnibus, 2006.

1. Sans débrayer : sans pause.
2. Hardi : Allons ! En avant !

▶ **1.** En quelle année et par qui cette chanson a-t-elle été composée ?

▶ **2.** Précisez quelle alliance politique remporte les élections législatives cette année-là en France. Qui devient président du Conseil ?

▶ **3.** Dans quel état d'esprit sont les ouvriers des usines à ce moment-là ? Justifiez votre réponse en citant trois expressions du texte.

▶ **4.** À l'aide de ce document et de vos connaissances, indiquez au moins trois mesures sociales prises par le gouvernement.

▶ **5.** La chanson est publiée dans un ouvrage intitulé *Été 1936, sur la route des vacances en images et en chansons.* Expliquez l'ambiance qui règne en France pendant les mois de juillet et août 1936. En quoi justifie-t-elle le titre choisi par Martin Pénet ?

LES CLÉS DU SUJET

■ Comprendre le document

Le document est une chanson composée par Jean Villard-Gilles, poète et musicien suisse. Parce qu'elle évoque la vie quotidienne des ouvriers, elle est le reflet d'une époque. Elle témoigne de ce que pensent les ouvriers, elle traduit le point de vue des classes populaires.

■ Répondre aux questions

▶ **1.** Ne confonds pas la date où la chanson a été composée et l'année où elle a été publiée par Martin Pénet.

▶ **2.** Quels sont les trois principaux partis de gauche dans les années 1930 ? Ne limite pas ta réponse aux sigles des partis : donne la signification des sigles et précise la tendance politique de ces partis.

▶ **3.** Appuie-toi sur les mots que l'auteur répète. Utilise aussi l'opposition entre les deux premiers vers et les suivants.

▶ **4.** Lis bien les paroles de la chanson, les réponses s'y trouvent. Cite les vers qui indiquent les mesures sociales. À quoi peut rêver l'ouvrier ? Qu'évoquent l'air pur et l'horizon du vers 5 ?

▶ **5.** À quoi correspondent pour toi les congés payés ? Dans quel état d'esprit es-tu quand arrivent les mois d'été ? Pourquoi ?

CORRIGÉ 5

▶ **1.** Cette chanson a été composée en 1936, l'année de la victoire du Front populaire.

▶ **2.** L'alliance politique qui remporte les élections législatives cette année-là en France est le Front populaire, alliance du parti radical, de la SFIO (Section française de l'Internationale ouvrière) et du PCF (Parti communiste français). Léon Blum devient président du Conseil.

> **Info +**
> La SFIO est le nom du parti socialiste. Elle est rebaptisée PS (Parti socialiste) en 1969.

▶ **3.** Les ouvriers des usines sont alors heureux, satisfaits d'avoir obtenu des réformes en leur faveur ; ils se sentent comme libérés. « La vie est meilleure » est-il dit à trois reprises. « L'usine n'est plus une prison ». « Le vent de la liberté » souffle sur elle. Désormais, les ouvriers ont de « l'espoir ».

▶ **4.** Le document permet de citer deux mesures sociales prises par le gouvernement :

– la loi des quarante heures hebdomadaire évoquée clairement dans le vers 7 ;

– les congés payés suggérés par les rêves d'air pur, d'horizon et de bonheur à la maison (vers 5 et 6) et, *a contrario,* par la référence à l'absence de repos avant la réforme (vers 2).

Les connaissances permettent de citer aussi :

– les conventions collectives ;

– le droit syndical dans l'entreprise ;

– la hausse des salaires de 7 à 15 %.

▶ **5.** Pendant l'été 1936, l'ambiance est festive, la joie s'empare des ouvriers français qui bénéficient de leurs premiers congés payés. Comme le suggère le titre choisi par Martin Pénet, ce sont leurs premières vacances. Beaucoup prennent la route, souvent à vélo, pour aller sur les plages de Normandie ou de la côte d'Opale, dans le nord de la France.

> **Info +**
> À côté de la plage du Touquet, très prisée de la bourgeoisie, les ouvriers viennent profiter de celle, voisine, de Berck.

SUJET

6

Sujet inédit

MAÎTRISER LES DIFFÉRENTS LANGAGES • 20 points

Le régime stalinien

▶ **1.** Sous la forme d'un développement construit d'une vingtaine de lignes, précisez en quelle année Staline accéda au pouvoir, puis montrez à l'aide d'exemples que son régime était totalitaire.

▶ **2. a)** Dans le tableau ci-dessous, représentez les symboles du régime soviétique que vous connaissez.

Couleur de l'étoile	Couleur du drapeau	Outils figurant sur le drapeau
	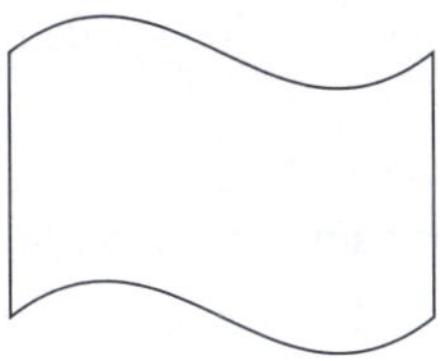	....

b) Qu'incarnent les outils figurés sur le drapeau de l'URSS ?

LES CLÉS DU SUJET

▶ **1.** Conforme-toi à l'énoncé du sujet : pour introduire ton développement, donnes la date d'accès au pouvoir de Staline.
Avant de rédiger ton développement, recense au brouillon les caractères d'un régime totalitaire. Classe-les et, pour chacun, associe un ou deux exemples : une organisation, un événement, une règle, un nom propre… Tu peux le faire à l'aide d'un tableau à deux colonnes (caractères ; exemples). Rédige ensuite ton introduction et ton développement, en consacrant un petit paragraphe pour chaque caractère.
Enfin, formule une conclusion en une phrase. Ici, il s'agit de confirmer ce que tu dois montrer.

CORRIGÉ 6

▶ **1.** À partir de 1924, Staline écarta du pouvoir ses principaux concurrents et s'imposa à la tête de l'URSS. Il mit en place un culte de la personnalité en sa faveur et se fit appeler « le petit père des peuples ». Il put dès lors mettre en œuvre le programme des communistes.

Dans le cadre de la dictature du prolétariat assurée par le parti unique (le PCUS), il nationalisa les industries et collectivisa les terres. Ainsi placée sous la responsabilité de l'État, l'économie fut planifiée de façon impérative.

> **Astuce**
> Un « développement » propose des réponses illustrées par des exemples ; il est « construit », parce qu'il expose les connaissances dans des paragraphes ordonnés de façon chronologique (les faits les plus anciens avant les plus récents) ou thématique (politique, économie, société…).

Par la propagande et le contrôle des médias, il endoctrina la population et embrigada les plus jeunes en les enrôlant dans des mouvements de jeunesse : les pionniers.

Contre ses opposants, il fit régner la terreur par le biais d'une police politique (le NKVD) et l'instauration de camps de travail (le Goulag).

L'URSS sous Staline est ainsi devenue un État totalitaire.

▶ **2.** Les symboles du régime soviétique sont l'étoile rouge (symbole du communisme) et le drapeau rouge de l'URSS. Ces lettres signifient Union des Républiques socialistes soviétiques. Sur le drapeau figurent un marteau – symbole de la classe ouvrière (ou des ouvriers) – et une faucille – symbole de la paysannerie.

> **Info +**
> Le rouge représente le sang des ouvriers lors de leurs soulèvements. Tous les partis et pays socialistes l'utilisent.

SUJET 7

Amérique du Sud • Décembre 2017

ANALYSER UN DOCUMENT • 20 points

La Shoah par balles

HISTOIRE

DOCUMENT **Un témoin raconte ce qu'il a vu en Ukraine**

Hermann Graebe témoigne en 1946 au procès de Nuremberg où furent jugés les principaux responsables nazis. Il raconte une scène à laquelle il a assisté en octobre 1942 en Ukraine occupée durant la Seconde Guerre mondiale.

Plusieurs camions étaient arrêtés devant les monticules. La milice armée ukrainienne[1] faisait descendre les gens des camions sous la surveillance d'un SS. Les hommes de la milice servaient de gardes et faisaient le va-et-vient jusqu'aux fossés. Toutes ces personnes portaient les placards réglementaires sur le devant et sur le dos de leurs vêtements qui les affichaient comme Juifs [...] J'entendis alors des coups de fusils se succéder rapidement, provenant de derrière un des monticules de terre. Les gens qui étaient descendus des camions – hommes, femmes, enfants de tous âges – devaient se dévêtir sur les ordres d'un SS qui avait un fouet de cheval ou de chien. Ils devaient poser leurs vêtements à des endroits déterminés : chaussures, vêtements de dessus et sous-vêtements étaient classés par catégories respectives. Je vis un tas de chaussures de 800 à 1 000 paires, d'immenses piles de linges de corps et de vêtements. [...]

J'observais une famille d'environ huit personnes, un homme et une femme d'une cinquantaine d'années avec leurs enfants d'environ un, huit et dix ans et deux filles de vingt et vingt-quatre ans environ. [...] À ce moment, le SS qui se trouvait derrière la fosse cria quelque chose à son camarade. Ce dernier compta environ vingt personnes et leur dit d'aller vers le monticule de terre. Parmi elles, était la famille que j'ai mentionnée.

Extrait du témoignage cité dans le livret pédagogique réalisé par le Mémorial de la Shoah, *Les procès des criminels nazis*, 2009.

1. Milice ukrainienne : groupe militaire collaborant avec les nazis.

▶ **1.** Donnez les dates de début et de fin du conflit mondial durant lequel se déroulent les événements évoqués par le texte. *(2 points)*

▶ **2.** Qui sont les victimes de ce massacre ? Par qui sont-elles exécutées ? *(4 points)*

▶ **3.** Quels éléments de l'idéologie nazie sont ici mis en œuvre ? *(4 points)*

▶ **4.** Citez deux éléments qui montrent le caractère organisé de ce massacre. *(4 points)*

▶ **5.** D'après vos connaissances, quel mot désigne le massacre de l'ensemble d'une population ? *(4 points)*

▶ **6.** Quelle autre population a été victime d'une volonté d'extermination durant cette guerre ? *(2 points)*

LES CLÉS DU SUJET

Comprendre le document

• Le document est un témoignage. L'auteur raconte ce qu'il a vu. Hermann Graebe est un officier nazi. Son récit est prononcé dans le cadre de son procès, quatre ans après les faits qu'il rapporte. C'est un homme présumé coupable qui parle.

• Le procès de Nuremberg est un moment important pour évaluer les crimes commis par les nazis, les crimes contre l'humanité en particulier. Les faits rapportés ont eu lieu en 1942, pendant l'invasion de l'Ukraine (Europe de l'Est, en URSS) par l'armée allemande afin de conquérir un « espace vital » pour l'Allemagne.

Répondre aux questions

▶ **2.** Les réponses sont dans le texte ; mais elles sont plurielles. Ne t'arrête pas à la première venue. Va jusqu'au bout du récit.

▶ **3.** Là encore, la question est au pluriel. Cherche dans tes connaissances les mots savants qui définissent les délits évoqués. Pense aux buts recherchés par les crimes commis. Pense aussi aux méthodes employées. Elles font partie des caractères propres aux États totalitaires.

▶ **4.** Une organisation suppose de l'ordre, un partage du travail, de la méthode, la répétition des gestes, un plan… Cherche dans le texte les mots évoquant de telles caractéristiques.

CORRIGÉ 7

▶ **1.** Les événements évoqués par le texte se déroulent pendant la Seconde Guerre mondiale, qui commence le 1er septembre 1939 et se termine le 8 mai 1945.

> GAGNE DES POINTS
> Ne te contente pas de donner les années. Précise les mois, voire les jours.

▶ **2.** Les victimes sont les Juifs, toutes personnes confondues : hommes, femmes et enfants. Elles sont exécutées par les miliciens ukrainiens, encadrés par des officiers SS, des nazis allemands.

▶ **3.** Parmi les éléments de l'idéologie nazie ici mis en œuvre, il y a l'exclusion raciale, antisémite tout particulièrement. L'exécution des Juifs se fait dans le cadre de la conquête du *Lebensraum* (« espace vital »). Les nazis s'emploient aussi à plonger les populations dans la terreur pour mieux les soumettre.

> CONSEIL
> N'hésite pas à citer un mot d'une langue étrangère, si tu sais en donner la traduction.

▶ **4.** Le caractère organisé du massacre se voit dans l'utilisation d'inscriptions portées par les condamnés, les « placards réglementaires » qui permettent de les identifier (l. 5) ; le rangement des vêtements « à des endroits déterminés », marques d'ordre (l. 11) ; leur classement « par catégories » (l. 12) ; la division du travail entre les miliciens et les SS (l. 1-2).

▶ **5.** Le massacre organisé de l'ensemble d'une population est désigné par le mot génocide. Ce massacre est considéré comme un crime contre l'humanité. Celui perpétré contre les Juifs pendant la Seconde Guerre mondiale est aussi désigné par le mot Shoah.

▶ **6.** L'autre population qui a été victime d'une volonté d'extermination durant cette guerre fut celle des Tziganes. Les handicapés, les homosexuels et les militants communistes furent aussi victimes d'assassinats systématiques.

> REMARQUE
> Seule la première réponse (les Tziganes) relève du génocide au sens strict. Mais la tournure de la question n'interdit pas les autres réponses.

HISTOIRE

SUJET

8

Pondichéry • Mai 2018

ANALYSER UN DOCUMENT • 20 points

La déportation et l'extermination des Juifs

DOCUMENT **Témoignage d'une déportée**

Simone Veil (1927-2017) est arrêtée par la Gestapo à Nice en mars 1944, avec sa mère et sa sœur. Elles sont conduites au camp de transit de Drancy en région parisienne et déportées ensemble en avril 1944.

Le 13 avril 1944, nous[1] avons été embarquées à cinq heures du matin, pour une nouvelle étape dans cette descente aux enfers qui semblait sans fin. Des autobus nous ont conduits à la gare de Bobigny[2], où l'on nous a fait monter dans des wagons à bestiaux formant un convoi aussitôt parti vers l'Est. […] Nous étions effroyablement serrés, une soixantaine d'hommes, de femmes, d'enfants, de personnes âgées, mais pas de malades. Tout le monde se poussait pour gagner sa place. […] Le voyage a duré deux jours et demi ; du 13 avril à l'aube au 15 au soir à Auschwitz-Birkenau[3]. C'est une des dates que je n'oublierai jamais, avec celle du 18 janvier 1945, jour où nous avons quitté Auschwitz et celle du retour en France, le 23 mai 1945. Ces dates demeurent attachées à mon être le plus profond, comme le tatouage du numéro 78651 sur la peau de mon bras gauche. […]

Plus tard le soir de l'arrivée au camp, dans un baraquement surveillé par des kapos[4].

Celles qui avaient été séparées des leurs commençaient à s'inquiéter, se demandant où étaient passés leurs parents ou leurs enfants. […] Les kapos montraient par la fenêtre la cheminée des crématoires et la fumée qui s'en échappait. Nous ne comprenions pas, nous ne pouvions pas comprendre. […] Une kapo qui se tenait dans un coin de la pièce se mettait à crier ou menaçait certaines d'entre nous de son fouet. […] Puis les kapos nous ont fait lever et mettre en rang par ordre alphabétique et nous sommes passées l'une après l'autre devant des déportés qui nous ont tatouées. [...] Ensuite nous sommes passées au sauna. Les Allemands étaient obsédés par les microbes [...] la folie de la pureté les hantait. [...] Peu leur importait que par la suite, celles d'entre nous qui ne mourraient pas à la tâche survivent dans la vermine et les conditions d'hygiène épouvantables. [...]

Au printemps de 1944, les autorités du camp avaient décidé de prolonger la rampe de débarquement des convois pour la rapprocher des chambres à gaz. [...] Nous nous faisions à l'effroyable ambiance qui régnait dans le camp, la pestilence des corps brûlés, la fumée qui obscurcissait le ciel, la boue partout, l'humidité pénétrante des marais. [...]

À partir de début mai, les trains chargés de déportés hongrois se sont succédé de jour comme de nuit, remplis d'hommes, de femmes, d'enfants et de vieillards. [...] Une épouvantable tristesse m'étreignait en voyant, éparpillés au sol, les vêtements des personnes qui venaient d'être gazées.

Extraits de l'ouvrage *Une jeunesse au temps de la Shoah*, écrit par Simone Veil, 2017.

1. *Nous* désigne Simone Veil, sa mère Yvonne et sa sœur Madeleine.
2. Bobigny : nom d'une ville proche de Drancy d'où partaient les convois de déportés.
3. Auschwitz-Birkenau : plus grand centre de mise à mort du Reich, situé en Pologne.
4. Kapos : déportés choisis pour faire régner l'ordre dans le camp.

▶ **1.** Relevez cinq étapes de la déportation de Simone Veil à Auschwitz-Birkenau. *(5 points)*

▶ **2.** Relevez deux éléments du texte montrant que les déportés sont « déshumanisés », c'est-à-dire qu'ils ne sont plus considérés comme des êtres humains. *(4 points)*

▶ **3.** Dans ce témoignage, relevez au moins trois éléments montrant que les déportés sont arrivés dans un centre de mise à mort. *(6 points)*

▶ **4.** Quels éléments de l'idéologie nazie expliquent les génocides des Juifs et des Tziganes ? *(2 points)*

▶ **5.** Expliquez la phrase soulignée dans le texte. *(3 points)*

HISTOIRE

LES CLÉS DU SUJET

Comprendre le document

Le document est un témoignage. L'auteur raconte ce qu'elle a vu. Simone Veil est une jeune fille juive de seize ans, déportée à Auschwitz avec sa mère et sa sœur en 1944. Elle a survécu à sa déportation. Elle raconte son histoire 73 ans après les faits, qui l'ont assez marquée pour que ses souvenirs restent précis. Ce témoignage est publié dans un contexte de retour des idéologies extrémistes, alors que les derniers survivants disparaissent. Simone Veil est elle-même décédée le 30 juin 2017.

Répondre aux questions

▶ **1.** Les étapes demandées renvoient aux différents trajets entre Nice et Auschwitz, ainsi qu'aux moments marquants de l'arrivée au camp. Attention : les « étapes de la déportation » ne comprennent pas celle du retour en France.

▶ **2.** Identifie les mots du texte qui évoquent des espèces animales et la manière de traiter celles-ci, de les dresser ou de les marquer.

▶ **3.** Recherche dans le document tout ce qui a trait à l'exécution des Juifs et à l'élimination de leurs corps.

▶ **4.** Revois le sens du mot « génocide » dans ton cours. Comment nomme-t-on la haine ou le rejet des Juifs ? Selon quel critère le nazisme classait-il les hommes ?

▶ **5.** L'important dans la phrase soulignée n'est pas dans l'incompréhension dont témoigne Simone Veil, mais dans le fait qu'elle « ne peut pas » comprendre. Que signifie une telle impossibilité, le fait qu'il n'y ait pas d'explication possible ?

CORRIGÉ 8

▶ **1.** Les étapes de la déportation de Simone Veil sont : un trajet en autobus jusqu'à Bobigny, au camp de Drancy ; un voyage de deux jours et demi en train de Drancy à Auschwitz ; une sélection à l'arrivée et la séparation des familles ; une séance de marquage (ou tatouage) des prisonniers pour mieux les contrôler ; une séance de nettoyage au sauna pour éviter les épidémies.

> **CONSEIL**
> Dans la description des étapes, précise les lieux de passage, les moyens de transport, les objectifs des Allemands.

▶ **2.** Plusieurs éléments du texte montrent que les déportés sont « déshumanisés » : ils sont transportés dans des « wagons à bestiaux » ; les kapos (ou surveillants du camp) menacent les prisonniers avec des « fouets » ; les survivants sont soumis à « des conditions d'hygiène épouvantables » où grouille la « vermine » (punaises, poux, puces, « microbes ») ; ils sont marqués (« tatoués ») comme des animaux d'élevage.

▶ **3.** Les éléments qui montrent qu'Auschwitz est un camp « de mise à mort » sont : la présence de « chambres à gaz » (3e et 4e paragraphes) ; celle de « cheminées des crématoires » (2e paragraphe) dans lesquelles les corps des personnes assassinées étaient brûlés ; le fait que les prisonniers mourraient pendant leur détention (fin du 2e paragraphe).

CONSEIL
Précise à quelle ligne ou dans quel paragraphe du texte se situent les passages que tu cites.

▶ **4.** Les éléments de l'idéologie nazie qui expliquent les génocides des Juifs et des Tziganes sont, d'une part, la théorie raciale, qui définit la population aryenne (la « race » supposée allemande) comme une communauté d'hommes supérieurs, et, d'autre part, l'antisémitisme (haine des Juifs) qui désigne les Juifs comme ennemis du peuple allemand.

INFO +
Les Aryens (population d'origine indo-iranienne) sont désignés par Hitler comme les ancêtres des Allemands et comme une « race supérieure ».

▶ **5.** « Nous ne comprenions pas, nous ne pouvions pas comprendre. » Dans cette phrase, Simone Veil dit ne pas trouver d'explication à ce qu'elle découvre en arrivant à Auschwitz. Elle souligne surtout le fait qu'elle « ne peut pas » comprendre : cela signifie que la réalité est inimaginable, inconcevable, tant elle est « inhumaine » (contraire à toute humanité).

SUJET 9

Nouvelle-Calédonie • Décembre 2017

ANALYSER UN DOCUMENT • 20 points

La défaite de l'Allemagne nazie

DOCUMENT **Loup abattu sur la porte de Brandebourg à Berlin**

ph © Everett Collection / Bridgeman Images

Il est écrit en russe : « Ce que sera la bête sauvage nazie ».

D'après une affiche soviétique de 1945, cndp.fr.

▶ **1.** Que représente le loup sur l'affiche ? *(4 points)*

▶ **2.** Par quels pays le loup a-t-il été tué ? *(4 points)*

▶ **3.** Pourquoi la scène se déroule-t-elle à Berlin en 1945 ? *(4 points)*

▶ **4.** Relevez sur l'affiche un élément qui montre que la Seconde Guerre mondiale est une guerre d'anéantissement. *(4 points)*

▶ **5.** Quel pays est vaincu en 1945 d'après cette affiche ? *(4 points)*

HISTOIRE

LES CLÉS DU SUJET

Comprendre le document

• Le document est une « affiche soviétique » réalisée par les services de propagande de l'URSS, une des puissances alliées contre l'Allemagne nazie. Cette affiche témoigne de la politique suivie par l'URSS. Elle date de 1945, année qui marque la fin de la Seconde Guerre mondiale.

• Elle représente un loup poignardé et allongé sur les ruines d'une ville : Berlin. Sous le col de l'animal, on peut reconnaître un monument emblématique de la ville : la porte de Brandebourg.

Répondre aux questions

Chacune des questions rapporte quatre points. Pour en obtenir la totalité, sois précis et justifie chaque réponse en t'appuyant sur les détails de l'image ou sur tes connaissances.

▶ **1.** Réfère-toi au texte de l'affiche. Attention au piège : la réponse ne doit pas être la même que celle de la question 5.

▶ **2.** Le nombre de réponses correspond au nombre de poignards plantés dans le dos de l'animal. Identifie les drapeaux déployés dans le ciel.

▶ **3.** Quel est le statut de Berlin dans l'Allemagne de l'époque ? C'est le même qu'aujourd'hui. Pourquoi est-ce important ? De quoi la ville est-elle le symbole ?

▶ **4.** Aide-toi de ton cours pour définir la notion d'anéantissement, puis fais le lien avec l'élément que tu relèves sur l'affiche.

▶ **5.** Renvoie aux informations données par l'affiche, son titre et son texte pour justifier ta réponse.

CORRIGÉ 9

▶ **1.** D'après le texte de l'affiche (« la bête sauvage nazie »), le loup représente le régime nazi, celui établi en Allemagne par Hitler depuis 1933.

▶ **2.** Sur le dessin, le loup a reçu trois coups de poignard. Chacun correspond à un pays dont le drapeau est déployé dans la partie supérieure de l'affiche. De gauche à droite : le Royaume-Uni, les États-Unis et l'URSS.

▶ **3.** Berlin est la capitale de l'Allemagne nazie. Elle en est le symbole national. C'est là, aussi, qu'ont lieu les derniers combats de la guerre et la rencontre entre les armées soviétique et américaine.

▶ **4.** La Seconde Guerre mondiale est une guerre d'anéantissement. La notion renvoie à la volonté des États en guerre de détruire totalement l'adversaire ou les populations jugées indésirables en fonction de critères idéologiques. L'élément qui témoigne de cette caractéristique est la mort (anéantissement) du loup, figure du nazisme (une idéologie) et non de l'Allemagne.

INFO +
Par la charte de l'Atlantique (août 1941), le Royaume-Uni et les États-Unis s'étaient fixé pour but de guerre la destruction de la « tyrannie nazie » et non celle de l'Allemagne.

▶ **5.** D'après l'affiche, le pays vaincu est l'Allemagne. Le titre du document fait référence à Berlin (sa capitale) et à la porte de Brandebourg, monument emblématique de cette ville sur le fronton duquel apparaît le nom de Berlin écrit en russe. Le loup incarne le nazisme qui est l'idéologie du parti à la tête de ce pays.

Sujet zéro • Série professionnelle

MAÎTRISER LES DIFFÉRENTS LANGAGES • 20 points

Les Français sous l'Occupation

▶ **1.** Sous la forme d'un développement construit d'une quinzaine de lignes et en vous appuyant sur un ou plusieurs exemples étudiés en classe, racontez la vie des Français sous l'Occupation pendant la Seconde Guerre mondiale. Vous pouvez utiliser certains des mots suivants : collaboration, résistance, bombardements, rationnement, régime de Vichy, déportation, STO. *(15 points)*

▶ **2.** Reportez, sur la frise chronologique, les numéros attribués aux personnages et aux événements historiques suivants. *(5 points)*

❶

Photo figurant dans « L'Album d'Auschwitz », prise par les SS.

Génocide des Juifs d'Europe

❷

ph© RDA / Rue des Archives

Création de l'ONU

❸

ph©Tallandier / Bridgeman Images

Première Guerre Mondiale

❹

ph© KEYSTONE – FRANCE

Le général de Gaulle lance son appel
à la Résistance depuis Londres

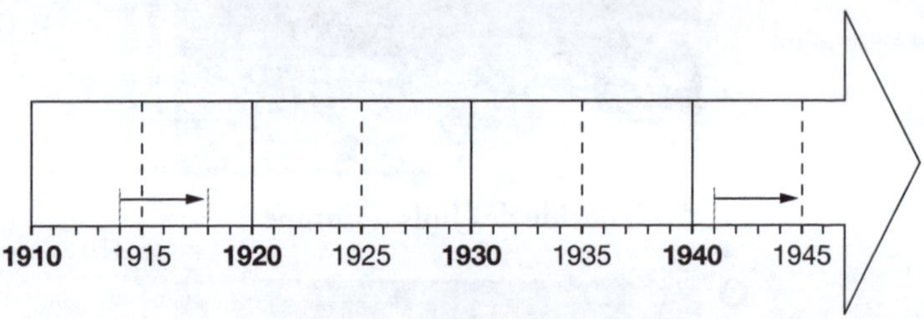

LES CLÉS DU SUJET

▶ **1.** Les mots à utiliser conduisent à évoquer les réactions politiques durant l'**Occupation** : consacre un premier paragraphe à la **collaboration** et un deuxième à la **Résistance**, en présentant leurs conséquences sur la réalité des Français.

Raconter leur « vie » implique également de décrire les préoccupations du quotidien (se nourrir, travailler, se déplacer) et les risques encourus : tu pourras aborder cette dimension dans un troisième paragraphe.

Pense à rédiger une conclusion pour *caractériser* la vie des Français.

CORRIGÉ 10

▶ **1.** En juin 1940, la France est vaincue par l'Allemagne nazie. Pendant quatre ans dans la partie nord du pays, deux ans dans la partie sud, les Français sont soumis aux autorités allemandes. C'est l'Occupation.

Info +
Les Allemands dirigent la « zone occupée » au nord ; la « zone libre » au sud est sous l'autorité du régime de Vichy.

• Dirigé par le maréchal Pétain, le régime de Vichy collabore avec les Allemands dans l'espoir d'alléger les souffrances des Français. Cette politique conduit le régime à participer à la déportation des Juifs et à créer un Service du travail obligatoire (STO) qui envoie des jeunes travailler en Allemagne.

• Indignés par la collaboration ou soucieux de continuer le combat aux côtés de la France Libre, des Français font de la résistance. Plongés dans la clandestinité, ils commettent des sabotages (usines, chemins de fer), font du renseignement, cachent les personnes poursuivies par l'occupant (aviateurs alliés, résistants en fuite, Juifs) et les guident jusqu'aux frontières.

Info +
« La France Libre » est le nom de la Résistance à Londres sous la direction du général de Gaulle.

• Beaucoup de familles voient leurs membres séparés. Les pénuries de produits imposent le rationnement. Les contrôles d'identité sont permanents. Pour des raisons politiques ou militaires, la surveillance ennemie se fait oppressante. Les opérations militaires soumettent les Français vivant dans des secteurs stratégiques à des bombardements. Quand ils se retrouvent dans les zones de combats, ils encourent des risques de représailles, comme à Oradour-sur-Glane.

Ainsi soumis aux privations, exactions, suspicions, vivant dans la peur d'une dénonciation ou de représailles, les Français connaissent des conditions de vie très difficiles.

▶ **2.**

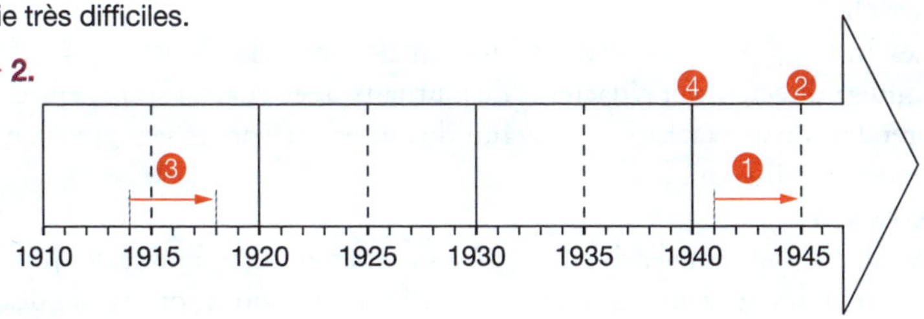

❶ Génocide des Juifs d'Europe : 1941-1945.

❷ Création de l'ONU : 1945.

❸ Première Guerre mondiale : 1914-1918.

❹ Le général de Gaulle lance son appel à la résistance depuis Londres : 18 juin 1940.

SUJET

11

D'après Polynésie française • Septembre 2013

ANALYSER UN DOCUMENT • 20 points

Le statut des Juifs dans la France de Vichy

DOCUMENT **Extrait du statut des Juifs, 1940**

Article 1

Est regardé comme Juif toute personne issue de trois grands-parents de race juive [...].

Article 2

L'accès et l'exercice des fonctions publiques et mandats énumérés ci-après sont interdits aux Juifs : chef de l'État, membre du gouvernement ; fonctionnaires de tout grade attachés aux services de police ; membres des corps enseignants ; officiers et sous-officiers des armées. [...]

Article 4

L'accès et l'exercice des professions libérales, des professions libres, des fonctions dévolues aux officiers ministériels et à tous auxiliaires de la justice sont permis aux Juifs, à moins que des règlements d'administration publique n'aient fixé pour eux une proportion déterminée. Dans ce cas, les mêmes règlements détermineront les conditions dans lesquelles aura lieu l'élimination des Juifs en surnombre.

Article 5

Les Juifs ne pourront exercer l'une quelconque des professions suivantes : directeurs et rédacteurs de journaux, metteurs en scène, entrepreneurs de spectacles [...] ; gérants de toutes entreprises se rapportant à la radiodiffusion. [...]

Article 8

Par décret individuel pris en Conseil d'État et dûment motivé, les Juifs qui, dans les domaines littéraire, scientifique, artistique, ont rendu des services exceptionnels à l'État français pourront être relevés des interdictions prévues par la présente loi. [...]

Fait à Vichy, le 3 octobre 1940.

▶ **1.** Identifiez la date du document. Quel régime politique et quel chef d'État dirigent la France à cette date ?

▶ **2.** En vous appuyant sur vos connaissances, expliquez après quel événement le régime change en France et quel type de politique le nouveau chef d'État se propose de mener avec l'Allemagne.

▶ **3.** En vous appuyant sur des exemples extraits du document, expliquez pourquoi ce statut rend plus difficile la vie des Juifs.

▶ **4.** Quand et dans quel autre pays des mesures semblables avaient-elles été prises ? Comment s'appellent les lois qui ont imposé ces mesures dans ce pays ?

▶ **5.** Que fait cette loi des Juifs par rapport à la communauté des Français ? En citant les valeurs de la République, expliquez en quoi ce statut ne les respecte pas.

LES CLÉS DU SUJET

■ Comprendre le document

Le document est un « statut », autrement dit une loi. Elle définit le droit. C'est un document officiel. Il concerne les Français de confession juive. Il établit des « interdits », des limites ou des conditions d'exercice de certaines professions. La liberté des Juifs s'en trouve limitée.

■ Répondre aux questions

▶ **1.** Où a été signé le statut des Juifs ?

▶ **3.** Quels types d'activités sont interdits aux Juifs ? De quoi les privent ces interdictions ?

▶ **4.** Quel pays exerce une politique antisémite à l'époque ? Les lois contre les Juifs portent le nom d'une ville de ce pays. Laquelle ?

▶ **5.** Qu'est-ce qu'une discrimination ? Que proclame la Déclaration des droits de l'Homme et du citoyen ? Que dit la devise de la République ? Fais le lien entre ces principes ou valeurs et la situation faite aux Juifs par le statut.

CORRIGÉ 11

▶ **1.** Le document date du 3 octobre 1940. Sous l'autorité du maréchal Pétain, le régime de Vichy dirige la France à cette date.

▶ **2.** Le régime change en France après sa défaite militaire et la capitulation de juin 1940. Pétain se propose alors de mener une politique de collaboration avec l'Allemagne.

Gagne des points
Tu peux préciser que la République est abolie et que le nouveau régime est une dictature militaire.

▶ **3.** Le statut des Juifs leur interdit l'exercice des métiers de la fonction publique et de nombreuses professions libérales (articles 2, 4 et 5). Ne pouvant plus travailler, les Juifs se voient ainsi privés de revenus et réduits à la misère.

▶ **4.** Des mesures semblables avaient été prises dans l'Allemagne nazie d'Hitler en 1935. Les lois qui les ont imposées sont les lois de Nuremberg.

Astuce
Pour bien répondre à une question, reprend dès le début de ta réponse les termes de la question.

▶ **5.** Cette loi exclut les Juifs de la communauté des Français ; elle les prive de leurs droits. Ce statut ne respecte pas la liberté de croyance, puisque les Juifs sont exclus en raison de leur religion ; il ne respecte pas non plus l'égalité de droit, puisque les Juifs ne peuvent plus choisir leur métier comme les autres Français ; il est aussi une atteinte à la liberté.

SUJET

12

Centres étrangers • Juin 2018

ANALYSER UN DOCUMENT • 20 points

L'engagement d'une Française dans la Résistance

HISTOIRE

DOCUMENT L'engagement de Denise Vernay dans la Résistance

« Patriotisme et civisme », ce sont bien ces deux notions qui furent les motivations majeures de mon engagement dans la Résistance.

Qui étais-je alors ? Denise Jacob, une adolescente de 16 ans en 1940. [...]

Septembre 1939 c'est la guerre. Puis « la drôle de guerre » d'octobre 1939 à avril 1940. [...]

Mai 1940, c'est l'invasion allemande, l'afflux des réfugiés, la débandade des troupes vaillamment regroupées pourtant sur certains sites de défense, cela devient la débâcle, la voix chevrotante de Pétain, l'armistice, l'occupation, la collaboration.

Refus de croire que ça puisse être définitif, que nos alliés britanniques soient du jour au lendemain désignés comme des ennemis. La France n'est plus la France. Il est inconcevable d'imaginer une collaboration avec les nazis, régime totalitaire et inhumain. [...]

J'ai honte, c'est inacceptable, contraire à mon idée de la France.

La presse était alors censurée, la radio française était dans les mains de l'occupant, la télévision n'existait pas, ne restaient que les consignes données par la BBC[1] et « les Français parlent aux Français ». Avec une camarade nous inscrivions au tableau noir les nouvelles diffusées par la radio anglaise. Des tracts dictés par Londres, recopiés, distribués, c'est très peu mais que faire ? Il n'y a pas de bureau de recrutement pour s'engager contre l'occupant, pas plus que des journaux clandestins à acheter dans les kiosques ! [...]

À l'automne 1942, les rafles pour ramasser les étrangers juifs s'aggravent.

Je me présente à l'Union générale des Israélites de France (l'UGIF) boulevard Dubouchage à Nice : il s'agit de cacher des enfants et souvent leurs parents juifs, réfugiés de tous pays et bloqués ici par la mer, dans des familles qui les accueillent en courant de grands risques. [...]

Juillet-août 1943, la chasse aux Juifs s'intensifie. Je suis alors dans un camp d'éclaireuses[2] et décide de ne pas retourner à Nice dans ma famille, car je veux entrer dans un réseau ou mouvement de résistance. Une amie cheftaine institutrice à Saint-Marcellin me fait engager comme agent de liaison au mouvement « Franc-Tireur » qui fait partie des Mouvements unis de Résistance avec Combat et Libération. Lyon est son centre. Je plonge dès ce moment dans la clandestinité.

Denise Vernay, *Franc-Tireur*, 23 août 1946, www.struthof.fr.

1. BBC : radio anglaise.
2. Camp d'éclaireuses : mouvement de jeunesse.

▶ **1.** Relevez un élément montrant que ce texte est un témoignage *(2 points)*.

▶ **2.** En vous aidant des mots soulignés dans le texte, expliquez la situation politique de la France à partir de 1940. *(6 points)*

▶ **3.** Identifiez deux caractéristiques du régime du Maréchal Pétain qui provoquent l'engagement de Denise Vernay dans la Résistance. *(4 points)*

▶ **4.** Relevez trois actions de résistance évoquées dans le texte. *(3 points)*

▶ **5.** Montrez que ce texte témoigne du sort que connaissent les Juifs en France pendant la Seconde Guerre mondiale. *(5 points)*

LES CLÉS DU SUJET

■ Comprendre le document

Le document est un témoignage, celui d'une adolescente (Denise Vernay, 16 ans en 1940), rapporté par un journal dont le titre, *Franc-tireur*, évoque la Résistance. Il date du 23 août 1946, soit deux ans seulement après la libération de Paris et un peu plus d'un an après la fin de la guerre. Denise Vernay y expose son action contre l'occupant et le régime de Vichy ; elle l'explique en rappelant les événements qui l'indignent et la mobilisent.

Répondre aux questions

▶ **1.** Un témoignage est un récit qui engage la seule personne qui parle.

▶ **2.** Chaque mot souligné correspond à une situation précise. Recherche dans ton cours la définition de ces mots, puis illustre-les à l'aide de faits ou d'événements.

▶ **3.** Appuie-toi sur les actions concrètes entreprises par Denise Vernay. Elle réagit toujours à une manifestation du régime. Mais fais attention à ne pas recopier le texte. « Caractériser » le régime revient à définir le type de politique qu'il mène : comment le régime informe-t-il les populations ? quel terme désigne une politique d'hostilité envers les Juifs ?

▶ **4.** Réfère-toi aux mots-clés : Qu'est-ce qu'un « tract », un « agent de liaison », un « réseau » de résistance, un « franc-tireur » ?

▶ **5.** Qu'est-ce qu'une « rafle » ? Comment nomme-t-on celle qui a eu lieu à Paris en 1942 ? Qu'est-ce que le « statut des Juifs » ? Comment se traduisait concrètement l'antisémitisme du régime ?

HISTOIRE

CORRIGÉ 12

▶ **1.** L'élément qui montre que le texte est un témoignage est l'emploi par l'auteur, Denise Vernay, de la première personne : le « je » ou le « nous ». Elle parle ainsi en son seul nom. Elle dit « mon » engagement.

▶ **2.** Le 22 juin 1940, la France et l'Allemagne signent l'armistice. La France reconnaissant sa défaite militaire, les combats cessent. Les troupes françaises sont désarmées, deux millions de soldats français sont prisonniers en Allemagne.

L'occupation commence : la moitié nord du pays et la côte atlantique sont sous le contrôle des Allemands. Dite « libre », la zone sud est placée sous l'autorité du Maréchal Pétain, désormais chef de l'État français installé à Vichy.

Dans l'espoir d'assouplir les conditions de l'armistice et d'obtenir la libération des prisonniers de guerre, le nouveau régime choisit de collaborer avec l'Allemagne. Il aide celle-ci sur le plan économique, participe à la lutte contre les résistants et se compromet dans les crimes commis envers les Juifs.

> **GAGNE DES POINTS**
> Sois précis dans ta réponse : dates, lieux, exemples.

> **INFO +**
> À la suite du débarquement américain en Afrique du Nord (nov. 1942), l'Allemagne envahit la zone libre pour contrôler les côtes méditerranéennes.

▶ **3.** Pour Denise Vernay, le régime de Vichy est une dictature. Il ne respecte pas les libertés fondamentales, la liberté d'expression en particulier : censure et propagande sévissent.

C'est aussi un régime antisémite. Il participe à l'oppression des Juifs et à leur déportation.

▶ **4.** Denise Vernay évoque les actes de résistance qu'elle accomplit ou dont elle est le témoin : l'information par la distribution de tracts ou comme agent de liaison ; l'aide aux Juifs pour les cacher ou les faire sortir du pays ; l'engagement dans une unité de combattants armés, les francs-tireurs ou les maquisards.

INFO +
La Résistance œuvre aussi dans le renseignement et le sabotage.

▶ **5.** Ce texte de Denise Vernay témoigne de l'exclusion dont les Juifs sont victimes en France pendant la Seconde Guerre mondiale. Depuis octobre 1940, la loi sur le statut des Juifs autorisait leur internement. L'auteur évoque la nécessité qu'il y avait de cacher ces Juifs, réfugiés étrangers ou français.

INFO +
Les « Justes » sont des personnes qui ont caché et sauvé des Juifs pendant la guerre.

Elle parle aussi des « rafles » de 1942. Ces opérations avaient pour but d'arrêter les populations recensées comme juives pour les déporter vers les camps d'extermination en Allemagne. La plus célèbre est la rafle dite du « Vel d'hiv », qui eut lieu à Paris, le 16 juillet 1942.

France métropolitaine • Juin 2017

MAÎTRISER LES DIFFÉRENTS LANGAGES • 20 points

La décolonisation : l'exemple de l'Algérie

▶ **1.** Rédigez un développement construit d'environ vingt lignes expliquant comment une colonie est devenue indépendante. Vous vous appuierez sur l'exemple étudié en classe. *(14 points)*

▶ **2.** Quelques temps forts du XXe siècle en France, en Europe et dans le monde :

ph © Stringer/Reuters

1. Chute du mur de Berlin

ph © Keystone-France

2. Libération de la France

ph © AFP PHOTO

3. Naissance de la Ve République

ph © Tallandier/ Rue des Archives

4. Première Guerre mondiale

ph © AKg-Images

5. Arrivée d'Hitler au pouvoir

a) Situez les événements sur la frise chronologique suivante, en reportant le numéro correspondant dans la case. *(2,5 points)*

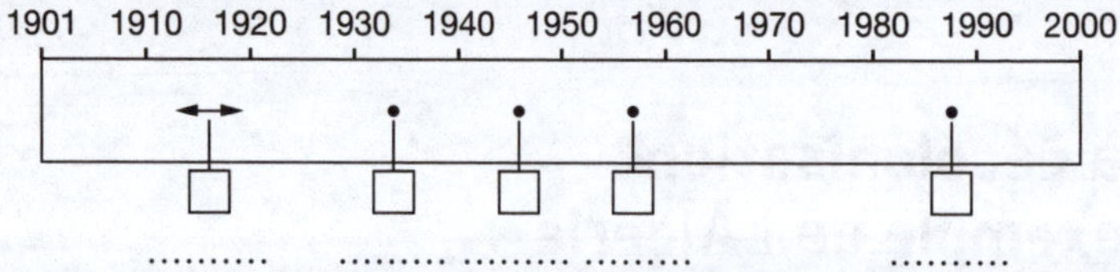

b) Sur les pointillés, vous indiquerez la date de deux événements de votre choix. *(2 points)*

c) À partir de la frise chronologique, trouvez l'événement en lien avec la guerre froide et justifiez votre choix en quelques mots. *(1,5 point)*

LES CLÉS DU SUJET

▶ **1.** Commence par rappeler en introduction le contexte de l'après Seconde Guerre mondiale pour les empires coloniaux.

• Dans un premier paragraphe, situe dans le temps et l'espace ton exemple, évoque les principaux événements, les moyens utilisés par les indépendantistes et les réponses données par la métropole.

• Dans un second paragraphe, explique comment se déroule l'accession à l'indépendance.

• Termine ton récit par une conclusion sur les conditions de la décolonisation en général.

CORRIGÉ 13

▶ **1.** Au lendemain de la Seconde Guerre mondiale, les empires coloniaux sont affaiblis. Les peuples veulent leur indépendance. Comment y parviennent-t-ils ?

• En 1954, les partisans de l'Algérie indépendante (le FLN) décident de passer à la lutte armée. Les indépendantistes tendent des embuscades, commettent des attentats (Toussaint rouge). La France envoie son armée ; elle traque les « rebelles » qui sont parfois torturés et exécutés. Les dirigeants cherchent des solutions. La division des Français sur le sujet provoque une crise politique en 1958.

Attention !
Le corrigé est établi sur un exemple. Il sert de modèle. Si tu as étudié un autre pays, l'organisation du développement peut rester la même.

• Le général de Gaulle propose ses services. Appelé à former un gouvernement, il change la Constitution. Avec des pouvoirs renforcés, il impose ses choix politiques aux Français et négocie discrètement avec les indépendantistes. Le 18 mars 1962, les accords d'Évian donnent son indépendance à la République algérienne démocratique et populaire. Désormais, les Algériens se gouvernent selon le principe du droit des peuples à disposer d'eux-mêmes. Les Français d'Algérie et quelques harkis quittent le territoire dans la précipitation.

Info +
Les harkis sont des musulmans qui avaient choisi de combattre aux côtés des Français.

• L'exemple algérien montre que l'indépendance des colonies a été difficile à obtenir. Manifestations et violences ont fait de nombreuses victimes dans tous les camps.

Conseil
Même si l'exemple choisi est moins violent que le cas algérien, montre que les difficultés ont toujours provoqué des heurts.

▶ **2. a)** et **b)**

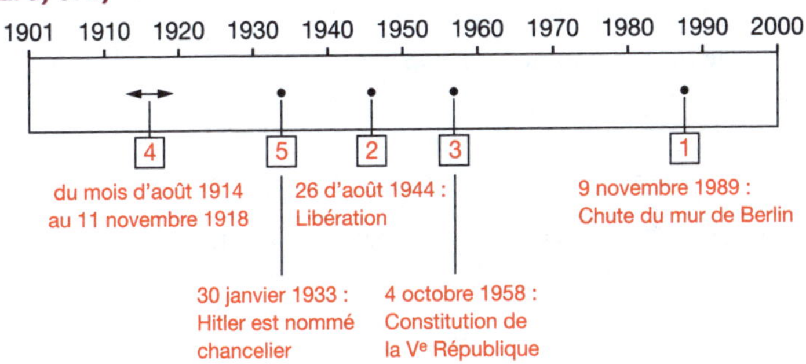

c) L'événement en lien avec la guerre froide est la chute du mur de Berlin. Ce mur fut érigé (1961) pour séparer les deux Allemagne et les deux blocs, celui de l'est (communiste) et celui de l'ouest (capitaliste). Sa chute symbolise la fin de la guerre froide.

SUJET

14

Polynésie française • Septembre 2017

MAÎTRISER LES DIFFÉRENTS LANGAGES • 20 points

La bipolarisation du monde durant la guerre froide

▶ **1.** Sous la forme d'un développement construit d'une vingtaine de lignes et en vous appuyant sur un exemple d'affrontement entre l'Est et l'Ouest étudié en classe, présentez la bipolarisation du monde durant la guerre froide. *(15 points)*

▶ **2.** Placez et datez sur la frise chronologique, les événements suivants : la création de l'ONU, la guerre froide (début et fin), la chute du mur de Berlin et le traité de Rome. *(5 points)*

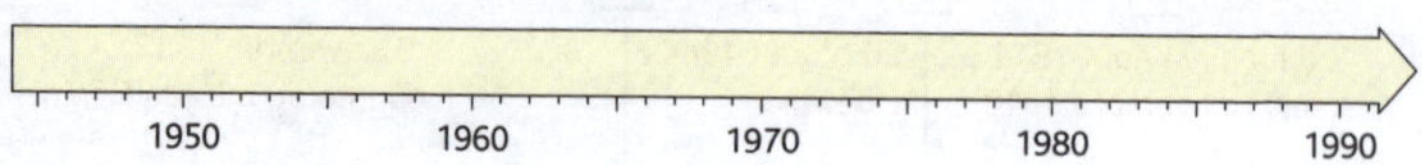

LES CLÉS DU SUJET

▶ **1.** En introduction, commence par rappeler quelles puissances s'opposent durant la guerre froide et quelles sont les dates de ce conflit.

- Dans un premier paragraphe, définis les deux camps et les raisons de leur rivalité.
- Dans un second paragraphe, présente l'exemple étudié en classe (localisation, dates, principaux acteurs) en montrant comment les deux camps sont impliqués et comment se traduit leur affrontement.
- En conclusion, tu peux proposer une définition de la guerre froide qui soit adaptée à l'exemple que tu as décrit.

CORRIGÉ 14

▶ **1.** Au lendemain de la Seconde Guerre mondiale, les vainqueurs américain et soviétique se retrouvent face à face. Ils n'ont pas les mêmes intérêts ni les mêmes buts. Une guerre froide les oppose de 1947 à 1991. Comment le monde s'organise-t-il pendant cette période ?

• En 1947, les États-Unis et l'URSS rompent toutes relations et se disputent la domination du monde selon leurs convictions idéologiques. Les Américains défendent les valeurs de la démocratie libérale et du capitalisme. Ils forment un bloc de pays dans le cadre d'alliances politiques et militaires (OTAN, OTASE). Ils aident leurs alliés à se reconstruire (plan Marshall) et à se développer (CEE). L'URSS, qui défend l'idéologie communiste, réplique en unissant ses alliés d'Europe de l'Est (Pacte de Varsovie). Les deux blocs ainsi constitués rivalisent pour étendre leur influence tout en évitant une guerre frontale.

> **INFO +**
> Les accords de Bretton Woods (1944) rassemblent les pays de l'Ouest dans une alliance économique et monétaire.

• De nombreuses crises les opposent. Celle dite des fusées à Cuba est la plus grave de la période (1962). À la suite d'une révolution, les Cubains demandent l'aide de l'URSS. Celle-ci prépare le déploiement sur l'île de missiles capables d'atteindre le sol des États-Unis. Le président américain John Kennedy riposte par un blocus de Cuba et menace l'URSS d'une guerre nucléaire. Après une semaine de tensions, les Russes renoncent. La guerre est évitée.

> **REMARQUE**
> L'exemple de Cuba sert de modèle. Change les noms et informations si tu as étudié un autre exemple. Pour l'essentiel, l'organisation du développement reste la même.

Ainsi, entre 1947 et 1991, le monde s'organise selon une logique bipolaire. La guerre froide est un affrontement entre deux blocs idéologiques au cours duquel les principaux adversaires s'affrontent par personnes interposées, jamais directement.

▶ **2.**

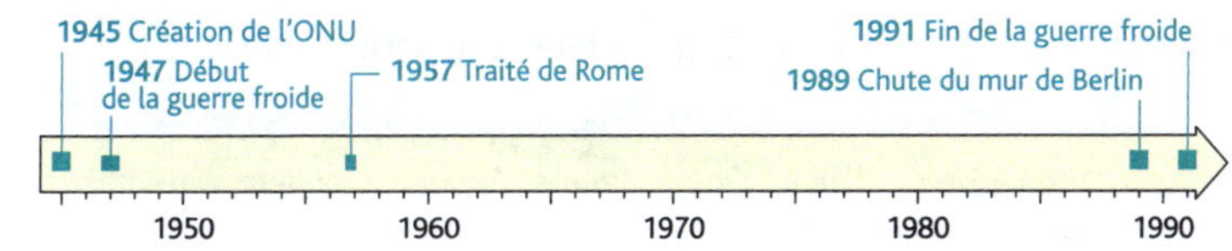

SUJET

15

Amérique du Nord • Juin 2018

ANALYSER DES DOCUMENTS • 20 points

Berlin, territoire de la guerre froide

DOCUMENT 1 **Berlin, Checkpoint Charlie (1961)**

Checkpoint Charlie est un point de passage entre Berlin-Ouest et Berlin-Est. Le 25 octobre 1961, les gardes-frontières de Berlin-Est refusent le passage d'un ambassadeur américain. Des chars américains et soviétiques se retrouvent face à face. Après plusieurs heures, ils se retirent sans qu'aucun coup de feu n'ait été tiré.

R. Hesse, Bundesarchiv, 1961.

DOCUMENT 2 **L'Allemagne au temps de la guerre froide**

Au cours de la guerre froide, la famille Berdau (composée de quatre sœurs, Käthe, mariée à Heinz, Traute, Rose-Marie et Anneliese et leurs parents) est séparée par les événements.

En 1959, en RDA, Heinz et Käthe Krause sont arrêtés, accusés d'avoir voulu fuir à l'Ouest. Le jeune géologue est condamné à douze mois de prison, elle [Käthe, sa femme] est détenue vingt-quatre heures et perd son travail.

[...] Heinz et Käthe sont décidés. Ils vivent « avec une valise sous le lit ». Le jeune couple demande l'autorisation de partir en vacances sur la presqu'île de Hela, en Pologne. En réalité ils vont à Berlin. En 1960, le mur n'a pas encore été construit et un train régional circule entre deux destinations de l'Est, avec quelques arrêts très surveillés dans Berlin-Ouest. « Mon mari était très courageux, il a pris l'initiative » raconte Käthe, les yeux brillants. Au premier arrêt dans le district ouest, il dit à sa femme : « On sort ! » Ils descendent sans rien dire, attendant qu'on les arrête, mais on ne les remarque pas. [...]

Quand le Mur est construit en 1961, Traute vit à Hambourg (RFA), Rose-Marie en Autriche, Käthe à Waiblingen (RFA), seule Anneliese est restée à Greifswald (RDA) avec leur mère. « On était séparés, peut-être pour toujours. » Anneliese et Käthe restent très proches. « On échangeait des photos, mais les lettres étaient contrôlées. On ne pouvait pas parler de nos vies. Les paquets étaient fouillés. En trente ans, les visites se comptent sur les doigts d'une main. [...] En 1989 on n'avait pas idée que le Mur pouvait tomber. On ne se rendait pas compte que c'était proche. »

Nathalie Lacube, « En Allemagne, les sœurs Berdau ont vécu au rythme de l'histoire », *La Croix*, 14 janvier 2011.

HISTOIRE

DOCUMENT 1

▶ **1.** Quelles sont les deux principales puissances rivales au cours de la guerre froide ? *(2 points)*

DOCUMENT 2

▶ **2.** Qu'ont décidé Heinz et Käthe ? En quoi cela permet-il d'expliquer la construction du mur de Berlin ? *(4 points)*

▶ **3.** Montrez que la guerre froide a rendu difficile la vie quotidienne des Allemands (au moins deux éléments attendus). *(4 points)*

▶ **4.** Relevez dans le texte, en indiquant sa date, l'événement qui correspond à la fin de la guerre froide. *(2 points)*

DOCUMENTS 1 ET 2

▶ **5.** Montrez que la situation à Berlin et en Allemagne illustre les tensions entre l'Est et l'Ouest pendant la guerre froide. *(8 points)*

LES CLÉS DU SUJET

Comprendre les documents

• Le premier document est une photographie témoignant d'un face-à-face militaire au cœur de Berlin, quelques mois après l'édification du mur. Elle illustre un moment de tension entre forces américaines et soviétiques.

• Le second document est un témoignage recueilli par une journaliste (Nathalie Lacube) dans un quotidien français (*La Croix*) en 2011, soit 20 ans après la fin de la guerre froide. Il rapporte les souvenirs d'une famille berlinoise confrontée aux difficultés de la vie quotidienne, liées à la présence du mur qui coupe la ville en deux.

• La confrontation de ces documents aide à comprendre l'impact de la guerre froide sur des citoyens ordinaires. Ce sont surtout les difficultés vécues du côté communiste qui sont soulignées, mais attention à ne pas réduire pour autant le sujet à la seule Allemagne de l'Est.

Répondre aux questions

▶ **2.** De quoi sont accusés les Krause en 1959 ? Quel moyen de transport utilisent-ils dans Berlin ? Qu'empêche la construction du mur en 1961 ?

▶ **3.** De quoi ont peur les Allemands de l'Est ? Relève dans le texte des mots exprimant cette peur. Que font les Krause pour masquer leur voyage à Berlin ? Quelle liberté n'est pas respectée ?

▶ **5.** Pour gagner les 8 points, tu dois développer ta réponse. La question portant sur toute la période de la guerre froide (1945-1991), organise-la de façon chronologique, en utilisant 1961 comme date centrale. Appuie-toi sur ton cours pour évoquer de façon équilibrée les deux Allemagne ou les deux Berlin. En conclusion, caractérise l'Allemagne par rapport à la guerre froide.

CORRIGÉ 15

▶ **1.** Les deux principales puissances rivales de la guerre froide sont les États-Unis d'Amérique, *leader* du bloc de l'Ouest capitaliste, et l'Union soviétique (URSS), *leader* du bloc de l'Est communiste.

> **GAGNE DES POINTS**
> Ne te contente pas de nommer les deux puissances rivales, précise le camp dont elles sont les chefs de file.

▶ **2.** Hans et Käthe ont décidé de se rendre à Berlin-Ouest par le train régional. Ils veulent quitter la RDA, « fuir à l'Ouest ». La construction du mur empêchait d'entrer dans Berlin-Ouest et d'y trouver refuge pour les uns, d'entrer en RDA pour les autres.

▶ **3.** Les autorités est-allemandes punissent sévèrement ceux qui veulent quitter le pays : un an de prison pour Heinz, la perte de son travail pour Käthe ; ceux-ci sont obligés de mentir (§ 2 du document 2). Les populations sont espionnées (« surveillées », « contrôlées » et « fouillées »), les familles séparées. Elles manquent d'informations (« on n'avait pas idée que… »).

▶ **4.** L'événement évoqué dans le texte, qui correspond à la fin de la guerre froide, est la chute du mur de Berlin le 9 novembre 1989.

GAGNE DES POINTS
Précise le jour et le mois de l'événement.

▶ **5.** Pendant la guerre froide (1947-1991), l'Allemagne est coupée en deux entre les blocs de l'Ouest et de l'Est. Les tensions entre les États-Unis et l'URSS y sont vives. Dès 1948-1949, les Soviétiques imposent un blocus à Berlin-Ouest pour en chasser les Américains. Coupés du monde, les Berlinois de l'Ouest sont approvisionnés par un pont aérien.

Soumis à un régime totalitaire qui réprime tout opposant, les habitants de la RDA (Allemagne de l'Est) tentent de fuir à l'Ouest. Entre 1949 et 1959, le pays perd 10 % de sa population. Pour stopper les départs, le gouvernement érige pendant l'été 1961 un mur autour de Berlin-Ouest. Le libre passage d'une zone à l'autre de la ville devient impossible. Des familles sont séparées. Les Occidentaux dénoncent ces agissements. Le 25 octobre 1961, chars américains et soviétiques se font face au seul point de passage possible (Checkpoint Charlie), prenant le risque d'un affrontement armé. En 1963, le président Kennedy vient exprimer son soutien aux Berlinois de l'Ouest.

De 1961 à 1991, les deux Allemagnes sont le terrain de manifestations dénonçant la situation. Parce qu'ils craignent un conflit armé sur leur territoire, des Allemands de l'Ouest expriment leur souhait d'être « plutôt rouges que morts ».

INFO +
L'expression « plutôt rouges que morts » signifie qu'ils préfèrent être soumis à un régime communiste et vivants plutôt que libres mais morts.

En effet, la crise des euromissiles (1977-1983) menace l'intégrité du territoire allemand. L'affaiblissement de l'URSS permet aux Berlinois de l'Est de se libérer du régime communiste et d'abattre le Mur (novembre 1989). Le démantèlement de celui-ci annonce la fin de la guerre froide.

Pendant toute la période, l'Allemagne a été un des territoires privilégiés de l'affrontement Est-Ouest.

HISTOIRE

SUJET

16

Sujet inédit

ANALYSER UN DOCUMENT • 20 points

Le traité de Rome

DOCUMENT **Extrait du traité de Rome**

Préambule – Sa Majesté le roi des Belges, le président de la République fédérale d'Allemagne, le président de la République française, le président de la République italienne, Son Altesse royale la grande-duchesse de Luxembourg, Sa Majesté la reine des Pays-Bas, DÉTERMINÉS à établir les fondements d'une union sans cesse plus étroite entre les peuples européens, DÉCIDÉS à assurer par une action commune le progrès économique et social de leurs pays en éliminant les barrières qui divisent l'Europe, ASSIGNANT pour but essentiel à leurs efforts l'amélioration constante des conditions de vie et d'emploi de leurs peuples, RECONNAISSANT que l'élimination des obstacles existants appelle une action concertée en vue de garantir la stabilité dans l'expansion, l'équilibre dans les échanges et la loyauté dans la concurrence, SOUCIEUX de renforcer l'unité de leurs économies et d'en assurer le développement harmonieux en réduisant l'écart entre les différentes régions et le retard des moins favorisés, DÉSIREUX de contribuer, grâce à une politique commerciale commune, à la suppression progressive des restrictions aux échanges internationaux, ENTENDANT confirmer la solidarité qui lie l'Europe et les pays d'outre-mer, et désirant assurer le développement de leur prospérité, conformément aux principes de la Charte des Nations unies, RÉSOLUS à affermir, par la constitution de cet ensemble de ressources, les sauvegardes de la paix et de la liberté, et appelant les autres peuples de l'Europe qui partagent leur idéal à s'associer à leur effort, ONT DÉCIDÉ de créer une Communauté économique européenne. [...]

Article 2 – La Communauté a pour mission, par l'établissement d'un marché commun et par le rapprochement progressif des politiques économiques des États membres, de promouvoir un développement harmonieux des activités économiques dans l'ensemble de la Communauté, une expansion continue et équilibrée, une stabilité accrue, un relèvement accéléré du niveau de vie et des relations plus étroites entre les États qu'elle réunit.

▶ **1.** Quels pays sont signataires de ce traité ? De quand date-t-il ? Où a-t-il été signé ?

▶ **2.** En vous appuyant sur le texte pour justifier vos réponses, dites sur quelles valeurs et principes est établi le traité.

▶ **3.** Dans quel domaine la communauté veut prioritairement favoriser le rapprochement de ses membres ? Quel nom adopte la communauté ?

▶ **4.** À l'aide de vos connaissances, citez deux accords ou traités qui ont permis de mettre en application les objectifs de la communauté entre 1957 et 1992. Illustrez vos réponses en citant des extraits du traité de Rome.

▶ **5.** Comment se transforme la CEE à partir de 1995 ? Citez au moins deux exemples d'objectifs qu'elle se fixe et les réalisations qui se mettent en place dans ce cadre.

LES CLÉS DU SUJET

Comprendre le document

Ce document est un traité. Officiel, il change les relations économiques et politiques entre les États signataires. Il est signé douze ans après la fin de la guerre, dix après le début de la guerre froide.

Répondre aux questions

▶ **2.** Quelle valeur cherche-t-on à atteindre en « réduisant les écarts » ? Que veulent « confirmer » les signataires ? Quelle valeur républicaine apparaît dans les dernières lignes du préambule ?

▶ **3.** La réponse est contenue dans le sigle CEE.

▶ **4.** Cherche dans le texte les buts des signataires et retrouve ainsi les traités étudiés en classe.

▶ **5.** Tu peux chercher des réponses dans ton cours d'éducation morale et civique.

CORRIGÉ 16

▶ **1.** Les pays signataires du traité sont la Belgique, la République fédérale d'Allemagne (RFA), la France, l'Italie, le Luxembourg et les Pays-Bas. Il date de 1957 et a été signé à Rome.

▶ **2.** Le traité est établi sur les principes de l'égalité (les signataires veulent « réduire les écarts » entre eux et établir « l'équilibre de leurs échanges »), la solidarité (qu'ils veulent « confirmer »), la paix et la liberté (fin du préambule). Ils cherchent l'unité (voir l'emploi répété des formules « union », « action commune », « unité », « harmonie »).

Conseil
Quand on te demande de « t'appuyer sur le document », cite entre parenthèses le passage qui justifie ta réponse.

▶ **3.** Les membres veulent favoriser leur rapprochement dans les domaines de l'économie. Le mot apparaît cinq fois dans le texte qui parle aussi d'échanges, de concurrence, de marché, de prospérité, de développement. La communauté prend le nom de Communauté économique européenne ou CEE.

▶ **4.** Les accords qui mettent en application les objectifs de la communauté sont :

– la politique agricole commune (PAC) en 1962, qui vise à « améliorer les conditions de vie » des agriculteurs, « stabiliser les marchés » et « favoriser le développement » de l'agriculture ;

– le marché commun en 1968, qui supprime les droits de douanes puis/ou l'Acte unique en 1986 qui permet la libre circulation des marchandises ; ces deux accords répondent au vœu de « suppression progressive des restrictions aux échanges internationaux » et établit « la loyauté dans la concurrence » ;

– la création du Fonds européen de développement régional (FEDER) en 1975, dont le but est de réduire « l'écart entre les différentes régions et le retard des moins favorisés » ;

– les accords de Schengen en 1985 sur la libre circulation des personnes, qui suppriment une restriction et permet aux populations d'améliorer leurs conditions de vie ;

– la création de l'ECU en 1979, une monnaie qui vise à favoriser les échanges entre les pays membres.

▶ **5.** À partir de 1995, la CEE devient l'Union européenne (UE). Elle se donne pour objectifs de renforcer les liens constitutionnels, politiques, monétaires, sociaux, fiscaux… entre les pays membres. Dans ce cadre, l'Union crée une citoyenneté européenne, une monnaie commune (l'euro), une force militaire (Eurocorps), un poste de président de l'Union et un poste de haut représentant aux affaires étrangères.

Gagne des points
Tu peux préciser que la communauté s'agrandit, passant à 15 membres en 1995 ; et que l'UE compte aujourd'hui 28 pays.

SUJET 17

D'après Pondichéry • Avril 2013

ANALYSER UN DOCUMENT • 20 points

Le monde après la chute du mur de Berlin

DOCUMENT **Le monde actuel vu par le dessinateur Chalvin, mars 2008**

M. Foucher, « Les nouveaux (dés)équilibres mondiaux », *La Documentation photographique*, n° 8072, novembre-décembre 2009.

▶ **1.** Identifiez la nature et l'auteur de ce document.

▶ **2.** Décrivez le puzzle de gauche. Expliquez en quoi il représente l'organisation du monde entre 1945 et 1989.

▶ **3.** Décrivez le puzzle de droite. Expliquez en quoi il représente le monde depuis le début des années 1990.

▶ **4.** En vous appuyant sur le document, dites quels événements ont provoqué les changements entre les deux puzzles.

▶ **5.** À l'aide de vos connaissances, citez les grands changements qui affectent la communauté économique européenne et le commerce mondial. Présentez au moins un conflit qui trouble le monde.

LES CLÉS DU SUJET

Comprendre le document

Le document est un dessin repris par un éditeur qui diffuse des documents pédagogiques. Il a pour objectif de montrer en un clin d'œil les changements du monde avant et après la fin de la guerre froide. Il donne une vision de la seconde moitié du XXe siècle telle qu'on peut la comprendre en 2009.

Répondre aux questions

▶ **1.** Attention : ne confonds pas l'auteur du dessin avec celui qui le publie.

▶ **2.** Combien de pièces compte le puzzle ? Quels systèmes politique et économique différencient l'Est de l'Ouest ?

▶ **3.** Quelle est la principale différence entre ce puzzle et le précédent ? Comment désigne-t-on les pays du Sud qui deviennent des puissances ? Quel pays développé manque pour former la Triade ?

▶ **4.** Recherche les réponses dans les propos tenus par les deux personnages du dessin.

CORRIGÉ 17

▶ **1.** Le document est un dessin humoristique du dessinateur Chalvin.

▶ **2.** Le puzzle de gauche comporte trois pièces : deux dans la partie supérieure (le Nord) distinguant l'Est et l'Ouest ; une dans la partie inférieure (le Sud). L'Ouest figure le bloc occidental composé de pays capitalistes à démocraties libérales, mené par les États-Unis. L'Est représente le bloc des pays communistes, dirigé par l'URSS. Dans la partie sud se trouvent les pays décolonisés et nommés « tiers-monde » depuis la conférence de Bandung (1955). Ce sont des pays pauvres qui ne veulent s'aligner sur aucun des deux blocs.

Astuce
Sur le dessin sont indiqués l'Ouest et l'Est ; mais il y a deux autres points cardinaux que tu peux aussi utiliser dans ta réponse.

▶ **3.** Le puzzle de droite est éclaté en très nombreuses pièces parmi lesquelles émergent quelques puissances. Il représente un monde plus diversifié et interconnecté. Au nord, les États-Unis, l'Europe (et le Japon) forment la triade des grandes puissances économiquement dominantes. Au sud, les BRIC (Brésil, Russie, Inde, Chine) sont des pays encore pauvres mais de plus en plus importants sur le plan économique. Tous ces pays et ceux qui les entourent forment un système mondialisé.

▶ **4.** Les événements qui ont provoqué les changements entre les deux puzzles sont la chute du mur de Berlin en 1989, évoquée par le personnage de gauche, et la disparition de l'URSS en 1991, suggérée par la femme qui parle du communisme, idéologie dont se réclamait le bloc de l'Est.

▶ **5.** Le grand changement qui affecte la CEE est sa transformation en Union européenne (1992-1995). En 1995 est créée l'Organisation mondiale du commerce (OMC). Mais de nombreux conflits déstabilisent le monde. On peut citer les guerres du Golfe contre l'Irak (1991 et 2003), la crise dans les Balkans (1991-1995), l'attentat de New York en septembre 2001 et la guerre en Afghanistan qui lui fait suite.

Gagne des points
Pense à l'actualité récente et montre à ton correcteur que tu sais y puiser des informations. Ne limite pas tes connaissances au cours !

SUJET

18

Sujet inédit

MAÎTRISER LES DIFFÉRENTS LANGAGES • 20 points

Organisation et conflits du monde contemporain

▶ **1.** Sous la forme d'un développement construit d'une vingtaine de lignes, décrivez les inégalités du monde contemporain, puis expliquez les tensions et conflits qui l'affectent.

▶ **2.** Sur le fond de carte ci-dessous, représentez et nommez les pôles de la Triade, citez deux pays membres des BRICS et la région du monde où les PMA sont les plus nombreux. Faites une légende pour distinguer vos réponses.

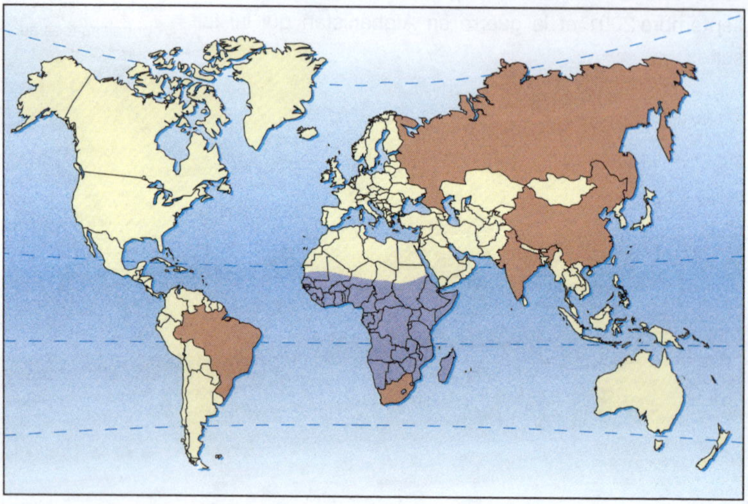

LES CLÉS DU SUJET

▶ **1.** Commence par rappeler comment est organisé le monde depuis la fin de la guerre froide.
La consigne invite à décrire puis à expliquer deux situations. Consacre un paragraphe à chacune : les inégalités d'une part, les tensions d'autre part.
Attention : les inégalités ne sont pas seulement économiques. Pour les conflits, trouve des exemples de natures différentes. Distingue les guerres entre États des guerres civiles.
Les tensions sont politiques ; elles peuvent aussi être économiques. Donne des exemples de crises : un krach boursier ou une crise bancaire, comme celle de 2008.
En conclusion, caractérise en un adjectif l'ordre du monde contemporain.
▶ **2.** Le mot Triade renvoie au chiffre trois. BRICS est un acronyme. Chaque lettre désigne un pays. Les PMA sont les pays les plus pauvres de la planète. Mets en évidence tes réponses en colorant les pays ou zones demandés. N'oublie pas de les nommer.

CORRIGÉ 18

▶ **1.** En 1991, l'URSS disparaît. C'est la fin de la guerre froide. Un nouvel ordre mondial se met en place. Mais, contrairement aux espoirs des peuples, les inégalités et les guerres ne disparaissent pas.

Les inégalités Nord-Sud persistent. Elles opposent les pays développés aux pays pauvres. Les premiers forment une Triade composée des États-Unis d'Amérique, de l'Union européenne et du Japon. À ces puissances dominantes s'ajoutent de nouveaux pays industriels, principalement localisés en Asie : la Corée du Sud, Taïwan et Singapour notamment. Les pays pétroliers du Moyen-Orient (Arabie Saoudite, Émirats) sont riches et bien intégrés à la mondialisation.

Dans le Sud, d'importantes différences apparaissent. Quelques pays grands par la taille et de population nombreuse émergent. Ils se développent et concurrencent de plus en plus les pays du nord. On les appelle les BRICS (Brésil, Russie, Inde, Chine et Afrique du Sud). D'autres, comme le

Gagne des points
Les États les plus pauvres sont appelés « pays les moins avancés » ou PMA. Si tu connais l'expression, utilise-la.

Vietnam, profitent de leur main-d'œuvre bon marché pour se transformer en « pays ateliers ». Par contre, une cinquantaine d'États, situés principalement dans les Andes ou en Afrique noire, ne parviennent pas à se développer et restent très pauvres.

Les inégalités économiques génèrent de fortes tensions, voire des guerres civiles entre les dirigeants et élites sociales d'une part, les masses qui vivent dans la misère d'autre part. C'est le cas en Amérique latine (Colombie, Pérou) ou en Afrique du Nord (Algérie, Égypte). Les différences religieuses, ethniques ou culturelles favorisent l'éclatement de guerres. Dans les Balkans (ex-Yougoslavie), au Proche et Moyen-Orient (Irak, Afghanistan), en Afrique (Soudan, Liberia, Centrafrique), celles-ci font des ravages et jettent sur les routes des foules de réfugiés. À ces désastres s'ajoutent des guerres anciennes qui continuent de déstabiliser des régions entières (le conflit israélo-palestinien, par exemple).

De bipolaire au temps de la guerre froide, l'ordre du monde est devenu multipolaire. Les bouleversements survenus après la chute du mur de Berlin en 1989 ont changé les équilibres mondiaux ; ils n'ont pas favorisé l'établissement de la paix pour autant.

▶ 2.

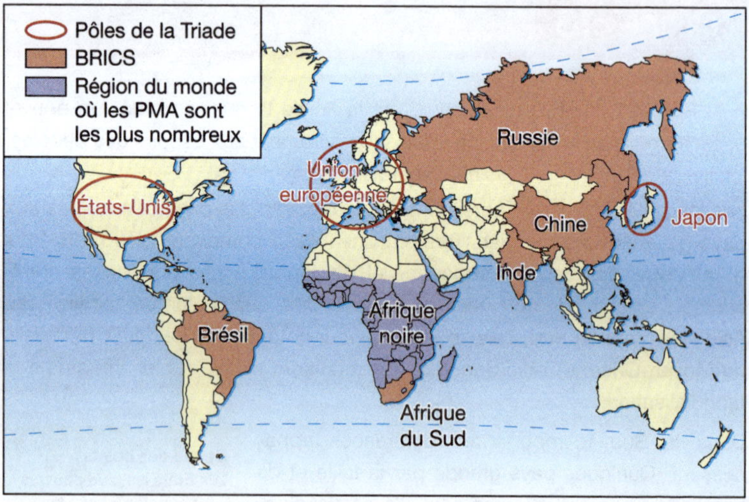

SUJET

19

Sujet inédit

ANALYSER UN DOCUMENT • 20 points

La création de la Sécurité sociale

DOCUMENT 1 Affiches en faveur de la Sécurité sociale, 1945

© L'Illustration

DOCUMENT 2 Ordonnance du 4 octobre 1945

Art. 1er – Il est institué une organisation de la Sécurité sociale destinée à garantir les travailleurs et leurs familles contre les risques de toute nature susceptibles de réduire ou de supprimer leur capacité de gain, à couvrir les charges de maternité et les charges de famille qu'ils supportent.
L'organisation de la Sécurité sociale assure dès à présent le service des prestations prévues par les législations concernant les assurances sociales, l'allocation aux vieux travailleurs salariés, les accidents du

travail et maladies professionnelles et les allocations familiales et de salaire unique aux catégories de travailleurs protégés par chacune de ces législations dans le cadre des prescriptions fixées par celles-ci et sous réserve des dispositions de la présente ordonnance.
Des ordonnances ultérieures procéderont à l'harmonisation desdites législations et pourront étendre le champ d'application de l'organisation de la Sécurité sociale à des catégories nouvelles de bénéficiaires et à des risques ou prestations non prévus par les textes en vigueur.

Le Gouvernement provisoire de la République française.

▶ **1.** Quel gouvernement dirige la France en octobre 1945 ? Pourquoi son nom ? Qui le préside ?

▶ **2.** Décrivez l'état économique et politique de la France en 1945. Expliquez cette situation.

▶ **3.** Que met en place l'ordonnance du 4 octobre 1945 ? Quel en est le but ? Justifiez votre réponse par des informations tirées des documents.

▶ **4.** Au nom de quelles valeurs républicaines les mesures sont-elles prises ? Appuyez-vous sur les affiches pour justifier vos réponses.

▶ **5.** Citez deux autres mesures votées entre 1944 et 1946 par le GPRF.

LES CLÉS DU SUJET

Comprendre les documents

• Prise par un gouvernement, une ordonnance est une décision qui fait acte de loi. C'est un document officiel. Cette loi entre en vigueur six mois après la fin de la guerre.
• Les affiches illustrent la mesure : elles en font la promotion auprès des Français.

Répondre aux questions

▶ **2.** La France sort d'une guerre qui l'a désorganisée. La République a été abolie par le régime de Vichy. Il faut tout reconstruire.
▶ **3.** Contre quoi le gouvernement veut protéger les Français ? Donne des exemples concrets.
▶ **4.** Essaie de retrouver dans les documents les valeurs de la devise de la République. Le nom de l'organisation créée apporte aussi une réponse.

CORRIGÉ 19

▶ **1.** Le gouvernement qui dirige la France en octobre 1945 est le Gouvernement provisoire de la République française (GPRF). Il est provisoire en attendant qu'un nouveau régime soit établi par le vote d'une constitution. Le général de Gaulle préside ce gouvernement.

▶ **2.** La France a subi des destructions (villes, infrastructures de transports…). Son économie tourne au ralenti. Elle n'a plus de Constitution. Cette situation s'explique par la guerre qui s'est déroulée sur son territoire et par la chute du régime de Vichy.

▶ **3.** L'ordonnance du 4 octobre met en place la Sécurité sociale. Elle a pour but d'aider les Français touchés par la maladie (1re affiche), menacés par la misère et l'absence de logement (2e affiche) ou les femmes enceintes touchées par les charges de la maternité (doc. 2. § 1). Elle veut aider les retraités (les « vieux travailleurs salariés », doc. 2. § 2) et les victimes d'accidents du travail.

> **Conseil**
> « Justifier » sa réponse, c'est dire où se trouve l'information dans un document.

▶ **4.** Les mesures sont prises au nom de la sécurité ainsi que l'annonce le nom « Sécurité sociale ». Elles le sont aussi au nom de la solidarité (la fraternité) : « tous solidaires » proclame la 1re affiche. Au nom encore de l'égalité : « tous bénéficiaires » dit cette même affiche.

▶ **5.** Entre 1944 et 1946, le GPRF a également octroyé le droit de vote aux femmes. Il a nationalisé des entreprises de transport, d'énergie (EDF, GDF, CDF), de banques et d'assurances, créé l'École nationale d'administration (l'ENA) et établi la Constitution de la IVe République.

SUJET
20

Sujet inédit

ANALYSER UN DOCUMENT • 20 points

Le référendum de 1962

▶ **1.** Quelle est la nature des deux documents (voir page suivante) ? Dans quel contexte ont-ils été utilisés ?

▶ **2.** En vous appuyant sur le document 1, précisez quelle réforme est proposée aux Français. Quel est l'objectif de cette réforme pour le président de la République ?

▶ **3.** Qui est l'auteur du document 2 ? Que craint-il ? Justifiez vos réponses en vous appuyant sur des informations extraites du document.

▶ **4.** Quel fut le résultat du référendum ? En vous appuyant sur vos connaissances, dites si les Français sont attachés à la mesure adoptée en 1962.

▶ **5.** Combien de présidents de la République ont été élus au suffrage universel depuis 1962 ? Nommez-en trois.

DOCUMENT 1

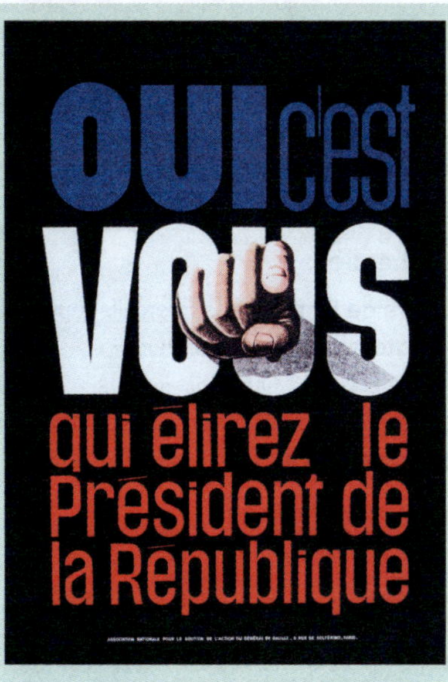

ph © Lee/Leemage

DOCUMENT 2

Avec l'autorisation du Centre de recherches politiques de Sciences Po (CEVIPOF)

LES CLÉS DU SUJET

Comprendre les documents

Les documents sont des affiches électorales. Publiées par des partis politiques, elles présentent le point de vue de ces partis, leur opinion. Ces affiches veulent convaincre les Français d'accepter ou refuser la question du référendum. Elles s'opposent.

Répondre aux questions

▶ **2.** À quoi les auteurs de l'affiche associent-ils leur « non » ? Cherche la définition de « plébiscite » dans le dictionnaire.
▶ **3.** À qui s'adresse l'affiche 1 ? Qui est le « vous » ? Qui désigne le doigt ? Comment est considéré le pouvoir du président dans la Ve République ?
▶ **4.** D'après toi, les Français s'abstiennent-ils beaucoup lors des élections présidentielles ?

CORRIGÉ 20

▶ **1.** Les documents sont des images, des affiches. Elles ont été utilisées lors du référendum de 1962. Elles sont faites pour inciter les Français à voter « oui » ou « non ».

▶ **2.** La réforme proposée aux Français est l'élection au suffrage universel direct du président de la République. Cette réforme renforcerait la légitimité du président, autrement dit sa puissance.

Info +
En 1958, le premier président de la Ve République (de Gaulle) fut élu par un collège de 80 000 grands électeurs (parlementaires, conseillers généraux et conseillers municipaux).

▶ **3.** L'auteur du document 2 est le Parti communiste français. Il craint que la réforme transforme la République en régime autoritaire, peut-être en une dictature ainsi que le suggère la référence au « pouvoir personnel ». Le plébiscite (vote pour ou contre un chef d'État) est un mode de scrutin souvent utilisé par les régimes autocratiques.

▶ **4.** Les Français approuvèrent la réforme par 62 % de « oui ». Ils y sont attachés et votent toujours en plus grand nombre lors des présidentielles qu'à l'occasion des autres scrutins.

▶ **5.** Sept présidents ont été élus depuis 1962 : Charles de Gaulle (1965), Georges Pompidou (1969), Valéry Giscard d'Estaing (1974), François Mitterrand (1981 et 1988), Jacques Chirac (1995 et 2002), Nicolas Sarkozy (2007) et François Hollande (2012).

SUJET

21

Sujet inédit

MAÎTRISER LES DIFFÉRENTS LANGAGES • 20 points

La France, terre d'immigration

▶ **1.** Sous la forme d'un développement construit d'une vingtaine de lignes, décrivez la politique d'immigration de la France depuis 1945, puis expliquez pourquoi elle a changé à la fin des Trente Glorieuses. Quelles conséquences l'immigration a-t-elle sur la société française ?

▶ **2.** Sur le fond de carte ci-dessous, localisez et nommez quatre pays d'origine des immigrants vers la France.

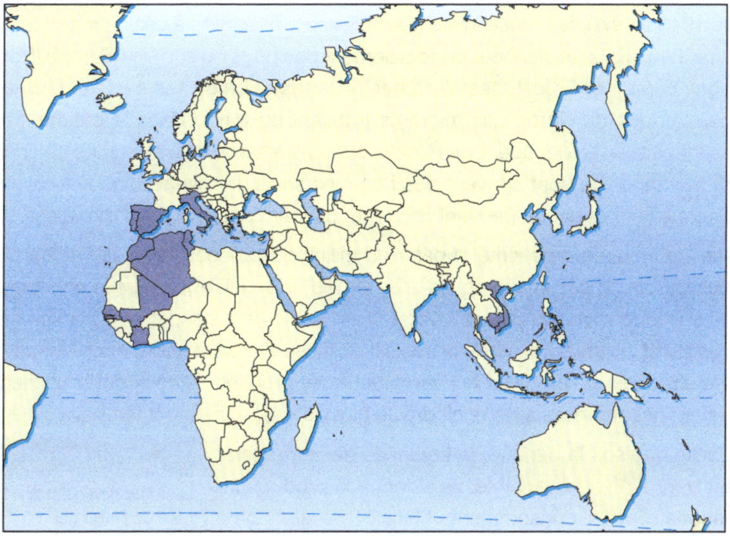

LES CLÉS DU SUJET

▶ **1.** Pour commencer, rappelle la situation de la France en 1945 et le besoin qu'elle a de se reconstruire. Ce rappel te permet de poser la question de l'immigration.

D'après la consigne, la politique de la France a changé. Il y a un avant et un après Trente Glorieuses. Rédige un paragraphe pour chacune des deux

périodes en définissant les politiques d'immigration de la France. Pour chacune de celles-ci, explique pourquoi les gouvernements les adoptent. Dans un troisième paragraphe, évalue les conséquences. Fais appel à tes connaissances de l'actualité.
Pour conclure, confronte les avantages et les inconvénients de l'immigration. Selon toi, qu'est-ce qui l'emporte ?

CORRIGÉ 21

▶ **1.** En 1945, la France est à reconstruire. Elle a besoin de main-d'œuvre. Quelle politique d'immigration adopte-t-elle et comment évolue celle-ci après les Trente Glorieuses ?

De 1945 à 1970, la France invite les travailleurs étrangers à venir sur son territoire. Les migrants viennent principalement des pays du sud de l'Europe (Portugal, Espagne, Grèce), des territoires de l'Empire ou de ses anciennes colonies (Afrique du Nord). Les migrants trouvent du travail dans le bâtiment et les industries. Ils occupent des emplois d'ouvriers spécialisés sur les chaînes de montage. Ce sont souvent des hommes seuls. Ils vivent dans des foyers d'accueil et beaucoup pensent retourner un jour dans leur pays d'origine.

Avec la fin de la prospérité, à partir du milieu des années 1970, la France n'a plus besoin de ces immigrés. La crise économique fait apparaître le chômage. La politique d'immigration s'inverse. Non seulement l'appel aux immigrants s'arrête et les portes se ferment, mais la France favorise le retour dans leur pays des étrangers qu'elle avait fait venir. Seuls les proches de ceux qui souhaitent rester sont autorisés à les rejoindre au titre du « regroupement familial ».

Quelle que soit la période, la présence des étrangers est bonne pour l'économie. Ils aident à la production nationale et ils consomment. Mais ils ne sont pas toujours bien acceptés, parce qu'ils ont des cultures différentes. L'intégration est difficile et les réactions d'hostilité (xénophobie, racisme) créent parfois des tensions.

Info +
La xénophobie est la peur de l'étranger. Le racisme, lui, établit une hiérarchie entre les personnes jugées supérieures et les autres.

Dans la seconde moitié du XXe siècle, la France a profité de l'immigration pour se reconstruire. Aujourd'hui, elle n'a plus d'activités à offrir à ceux qui se présentent à ses frontières, mais elle doit sa reconnaissance à ceux qui ont aidé à son redressement.

▶ 2.

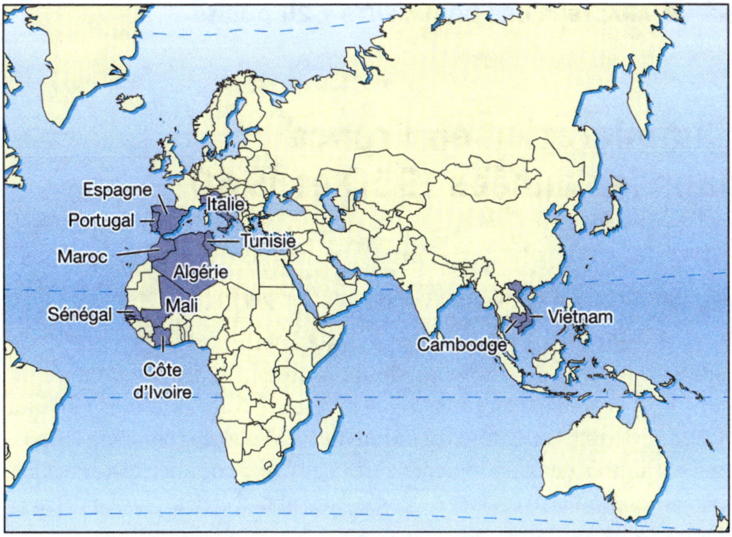
Espagne
Italie
Portugal
Tunisie
Maroc
Algérie
Mali
Sénégal
Côte d'Ivoire
Vietnam
Cambodge

HISTOIRE

SUJET
22

Antilles, Guyane • Septembre 2017
ANALYSER DES DOCUMENTS • 20 points

L'immigration en France dans les années 1950 et 1960

DOCUMENT 1 **Le témoignage d'un ouvrier portugais**

« Je suis arrivé légalement gare d'Austerlitz en décembre 1955, après trois jours de voyage par le train postal. Je débarquais avec un ami […] Je venais rejoindre mon père qui vivait avec mes oncles à Chennevières pas très loin du bidonville. Nous avons cohabité les premières années dans un logement très petit. J'ai commencé à travailler peu après mon arrivée. Cet hiver-là, j'ai d'abord été employé à dégager les bords de la Marne, qui avaient subi des inondations. Puis, rapidement, j'ai travaillé comme mineur[1] avec mon père pour des entreprises de travaux publics.

À partir de 1957-1958, j'ai vu arriver mes compatriotes en nombre de plus en plus important, au point qu'un jour j'ai même prêté mon matelas et mes couvertures pour de nouveaux arrivants […]

Au bout de cinq ans d'un travail acharné, et après être devenu chef d'équipe dans une entreprise de travaux publics, j'ai pu acheter à Villiers une maisonnette ancienne avec un jardinet de 192 m² et y faire venir ma femme. C'était en 1960 et j'étais le premier Portugais de l'agence immobilière qui me l'a vendue ! En 1962, j'ai "agrandi" ma maisonnette. En fait, je l'ai transformée au point d'en faire une maison nouvelle. »

Entretien avec Antonio Mendes Ferreira, cité dans *Portugais à Champigny, le temps des baraques*, Marie-Christine Volovitch-Tavares, Paris, Autrement, 1995.

1. J'ai travaillé comme mineur : il creuse des fondations pour les nouveaux immeubles à construire.

DOCUMENT 2 **Nanterre, le bidonville des Pâquerettes en cours de démolition**

À l'arrière-plan, la Cité des Canibouts construite par une filiale de la Sonacotral[1] à Nanterre entre 1959 et 1961 constitue une première expérience pour reloger les familles immigrées des bidonvilles. [...]

Musée de l'Histoire de l'immigration
© H. Guérard/Adoma.

1. La Sonacotral : Société nationale de construction de logements de travailleurs algériens. Elle dépend de l'État.

HISTOIRE

DOCUMENT 1

▶ **1.** Relevez deux informations qui prouvent que ce document est un témoignage. *(4 points)*

▶ **2.** Relevez les différents emplois exercés par Antonio Mendes Ferreira depuis son arrivée en France en 1955. *(3 points)*

▶ **3.** Donnez une raison expliquant pourquoi de nombreux immigrés viennent en France à cette époque. *(3 points)*

DOCUMENTS 1 ET 2

▶ **4.** Dans quelles conditions sont logés les immigrés à leur arrivée en France à la fin des années 1950 ? *(6 points)*

▶ **5.** Montrez que les conditions de vie des immigrés se sont améliorées à partir des années 1960. *(4 points)*

LES CLÉS DU SUJET

■ Comprendre les documents

• Le **document 1** est le témoignage d'un immigré, Antonio Mendes Ferreira. Il évoque les années 1950 en France, époque de la reconstruction après la Seconde Guerre mondiale, au début des Trente Glorieuses.

• Le **document 2** est une photographie qui fait écho au récit de Mendes Ferreira. Ses deux plans permettent de visualiser l'évolution du logement des immigrés : au premier plan, on voit un bidonville en démolition et, à l'arrière-plan, une cité en construction.

■ Répondre aux questions

▶ **1.** À quelle personne est rapporté le récit ? Regarde la source. Un mot confirme qu'il s'agit d'un témoignage.

▶ **2.** Antonio évoque trois emplois. Aide-toi de la note.

▶ **3.** Pourquoi a-t-elle besoin d'ouvriers immigrés à cette époque ?

▶ **4.** Où s'installe Antonio lors de son arrivée ? Quels inconvénients évoque-t-il ? Que suggère le mot « cohabité » ? Regarde la photographie : observe le bidonville, les matériaux utilisés, le sol. Vois-tu des fils électriques ?

▶ **5.** Sur la photographie, compare le bidonville, au premier plan, et « l'expérience de relogement », à l'arrière-plan. Le témoignage fournit aussi des éléments de réponse.

CORRIGÉ 22

▶ **1.** Le document 1 est un témoignage, car il s'agit d'un « entretien ». Interrogé, le personnage qui parle évoque son expérience personnelle. Il s'exprime à la première personne du singulier (« Je »).

▶ **2.** Antonio Mendes Ferreira a d'abord nettoyé les bords de Marne, il était peut-être « cantonnier ». Comme « mineur », il a ensuite travaillé à creuser les fondations des immeubles. Il est enfin devenu « chef d'équipe » et encadrait alors d'autres ouvriers.

▶ **3.** Les immigrés viennent en France parce que ce pays a subi d'importantes destructions pendant la guerre. La reconstruction offre beaucoup de travail. Le Portugal est un pays pauvre qui n'offre pas les mêmes emplois.

▶ **4.** En arrivant en France, les immigrés s'installent où ils peuvent, chez des proches parents ou amis, comme le fait Antonio Mendes Ferreira. Les conditions de vie sont difficiles : ils manquent de place (le logement est « très petit », l. 5), il faut partager un même logement avec d'autres occupants.

Dans les bidonvilles, les abris sont précaires : cloisons en bois, toits en tôle ondulée ; il n'y a pas de fenêtre, pas d'électricité ni de sanitaires. Il n'y a pas de revêtement au sol. On y souffre du froid en hiver, de la chaleur en été, de l'humidité quand il pleut.

> GAGNE DES POINTS
> Pour gagner les 6 points, entre dans les détails. Imagine-toi vivant au quotidien dans une cabane, sans électricité, ni eau courante, ni fenêtres.

▶ **5.** Au début des années 1960, les expériences de relogement mettent à la disposition des immigrés des appartements dans des immeubles. Ils y trouvent plus d'espace, des logements solides (en béton), avec de la lumière (fenêtres, installations électriques). D'autres comme Antonio Ferreira peuvent acquérir une petite maison qu'ils agrandissent et modernisent. Un petit jardin témoigne d'un environnement personnel plus grand et plus agréable.

HISTOIRE

SUJET

23

Polynésie française • Juin 2017

ANALYSER DES DOCUMENTS • 20 points

La place des femmes dans la société (1960-1980)

DOCUMENT 1 **Témoignage d'une femme d'ouvrier**

« S'il n'y avait pas les enfants, j'aurais recommencé à travailler comme avant. Mais il y a ce quatrième ; ah ; il n'a pas été désiré celui-là ; j'en avais eu trois en moins de trois ans, je pensais que cela suffisait et puis en voilà un autre ! [...] Pour boucler les fins de mois, je fais du lavage et du repassage pour les autres, parfois je garde un enfant, mais en cachette de mon mari qui ne voudrait pas que je travaille. [...] Quand je vais chez quelqu'un d'autre, je me rends compte que je n'ai presque rien ; je me dis que [...]) si je pouvais travailler, j'en aurais autant [...] J'aimerais avoir une journée à moi, entièrement libre. »

Interview, début des années 1960, Paris, citée par Christine Bard, *Les Femmes dans la société française au XXe siècle,* Armand Colin, 2003.

DOCUMENT 2 **Loi Veil : une loi pour légaliser l'avortement**

Art. L. 162.1. La femme enceinte que son état place dans une situation de détresse peut demander à un médecin l'interruption de sa grossesse. Cette interruption ne peut être pratiquée qu'avant la fin de la dixième semaine de grossesse. (*Délai porté à 12 semaines en 2001*)
Art. L. 162.7. Si la femme est mineure célibataire, le consentement de l'une des personnes qui exerce l'autorité parentale est requis.
Art. L. 162.8. Un médecin n'est jamais tenu de donner suite à une demande d'interruption de grossesse ni de pratiquer celle-ci, mais il doit informer l'intéressée de son refus.

D'après la loi Veil du 17 janvier 1975.

DOCUMENT 3 **Des inégalités qui subsistent**

« La situation de la femme dans notre société reste marquée par la dépendance, l'inégalité et le non-respect du droit de la personne [...] Les femmes sont majoritaires parmi les smicards[1], les chômeurs, les allocataires du minimum vieillesse. »

Discours de François Mitterrand pour la journée de la femme (8 mars 1982) devant 400 ouvrières, employées, mères de famille invitées à l'Élysée.

1. Travailleurs payés au salaire minimum.

HISTOIRE

▶ **1.** Document 1 : quels sont les souhaits de cette femme d'ouvrier ? Deux réponses sont attendues. *(4 points)*

▶ **2.** Qu'est ce qui l'empêche de les réaliser ? Deux réponses sont attendues. *(4 points)*

▶ **3.** Document 2 : que permet la loi Veil ? *(2 points)*

▶ **4.** Quelles sont les limites prévues par la loi ? Deux réponses sont attendues. *(4 points)*

▶ **5.** Après avoir analysé tous les documents, précisez comment la place des femmes dans la société a évolué entre 1960 et 1980. *(6 points)*

LES CLÉS DU SUJET

■ Comprendre les documents

Nous sommes en présence de trois documents de natures très différentes couvrant la période allant de 1960 (doc. 1) à 1982 (doc. 3). Le deuxième (1975) est un **texte officiel** ; c'est une loi. Il définit un droit accordé aux femmes. Les deux autres exposent des **points de vue** : celui d'une ouvrière qui évoque les difficultés de sa vie quotidienne en tant que femme et mère ; celui du président de la République élu un an auparavant (1981), qui dénonce la condition des femmes. Ces trois documents permettent d'évaluer certains progrès dans la vie des Françaises et surtout leurs limites.

■ Répondre aux questions

▶ **1.** Que découvre cette femme d'ouvrier chez les autres ? Qu'est-ce qui lui permettrait d'être libre ?

▶ **2.** Pourquoi se plaint-elle d'avoir un quatrième enfant ? Que lui manque-t-il pour accéder à ce dont elle rêve ? Que signifie « boucler les fins de mois » ?

▶ **3.** Qu'est-ce qu'une IVG, interruption volontaire de grossesse ?
▶ **4.** Les deux principales limites sont données dès le premier article. D'autres conditions sont énoncées dans les suivants. Cherche le sens du mot « consentement ». Qu'est-ce que « l'autorité parentale » ? Quel est le droit du médecin ?
▶ **5.** Document par document, recense ce qui est impossible ou limité pour les femmes d'un côté, ce qui leur est permis de l'autre. Compare les dates. Aide-toi de ce que tu sais de la situation des femmes aujourd'hui. Utilise le troisième document pour évaluer les limites des changements.

CORRIGÉ 23

▶ **1.** Cette femme d'ouvrier souhaite avoir plus d'argent pour s'offrir des biens qu'elle voit chez les autres. Elle souhaite aussi avoir plus de temps libre.

▶ **2.** Elle ne peut réaliser ses souhaits parce qu'elle doit s'occuper de ses enfants qui lui prennent tout son temps, et parce qu'elle n'a pas l'autorisation de son mari pour travailler. Elle n'a donc pas de travail régulier qui lui fournirait des revenus suffisants. Le peu qu'elle gagne complète le salaire de son mari et sert à payer l'indispensable.

▶ **3.** La loi Veil permet aux femmes de mettre fin à une grossesse, de ne pas avoir un enfant qu'elles ne désirent pas.

▶ **4.** La loi limite l'accès à l'interruption de la grossesse : la femme doit être en « situation de détresse » (physique, sociale ou financière) ; l'intervention doit avoir lieu « avant la dixième semaine de grossesse ». Si la femme est mineure, l'accord des parents est nécessaire. L'accord du médecin est aussi obligatoire pour procéder à l'opération.

Info +
En 2001, le délai autorisant une IVG a été porté à 12 semaines au lieu de 10, soit trois mois.

▶ **5.** Depuis les années 1960, la place des femmes en France s'est améliorée : elles peuvent travailler sans demander l'autorisation de leur mari (situation évoquée dans le doc. 1). Après la loi Neuwirth (1967) qui autorise la contraception, elles peuvent avoir le nombre d'enfants qu'elles souhaitent. En cas de grossesse non désirée, elles peuvent demander son interruption volontaire (doc. 2). Sur le plan juridique, les époux deviennent égaux devant la loi : les femmes cessent d'être dépendantes de leur mari. Mais, en 1980, la condition des femmes reste difficile. Elles sont souvent en situation de précarité (bas salaires, chômage). L'égalité avec les hommes est loin d'être acquise (doc. 3).

Info +
En 2014, la condition de « situation de détresse » a été supprimée de la loi sur l'IVG.

SUJET

24

Amérique du Nord • Juin 2017

ANALYSER UN DOCUMENT • 20 points

L'évolution de la situation des femmes

DOCUMENT **Tract du Mouvement démocratique féminin, diffusé à Paris en juin 1968**

Depuis le début du mois de mai 1968, les étudiants manifestent contre le gouvernement du président de Gaulle.

Étudiante,

Tu as été sur les barricades, la police t'a chargée et matraquée comme les étudiants, tes camarades.

Tu participes aux discussions, aux travaux de commissions, aux grandes manifestations populaires. Des lycées de filles, des instituts féminins ont parfois entraîné les autres établissements et, parmi les dix millions de grévistes, les travailleuses tiennent aussi leur place.

Or, au cours de ces journées décisives, soit dans les grands rassemblements, soit à la radio ou à la télévision, aucune femme n'est apparue comme porte-parole. Dans les pourparlers entre syndicats, patronat et gouvernement, nul n'a réclamé formellement l'égalité de rémunération entre travailleuses et travailleurs, nul n'a envisagé la création de services collectifs et de crèches pour soulager les femmes de leur double journée de travail.

Dans l'immense débat qui s'est instauré à travers le pays, dans la grande remise en cause des structures et des valeurs, aucune voix ne s'élève pour déclarer que le changement des rapports entre hommes implique aussi le changement des rapports entre les hommes et les femmes. Les étudiants et les jeunes veulent une morale identique pour les filles et les garçons. C'est un aspect du changement. Ce n'est qu'un aspect. […] Il faut que la société qui va se construire soit l'œuvre des femmes aussi bien que des hommes, qu'elle donne à toutes les femmes des chances égales à celles des hommes.

Si tu es d'accord là-dessus, qu'es-tu disposée à faire ? Viens en discuter avec nous.

C. Fauré, *Mai 68. Jour et nuit*, Gallimard, coll. « Découvertes » n° 350, Série Histoire, 2008, p. 118.

▶ **1.** Quelle est la nature de ce document ? À qui est-il destiné ? *(2 points)*

▶ **2.** Relevez au moins deux inégalités hommes-femmes mentionnées dans le document. *(4 points)*

▶ **3.** Quels éléments du texte montrent l'engagement politique et syndical des femmes au moment des événements de mai 1968 ? *(5 points)*

▶ **4.** Quel droit politique a été acquis par les femmes avant 1968 et n'est pas mentionné dans le texte ? *(3 points)*

▶ **5.** En vous appuyant sur vos connaissances, proposez trois exemples d'évolutions qui ont changé la situation des femmes depuis 1968. *(6 points)*

LES CLÉS DU SUJET

■ Comprendre le document

Le document est un **tract** : il a vocation à **diffuser une opinion** et **proposer une action**. À la toute fin du tract, le lecteur est convié à venir débattre de la question présentée. Il date de juin 1968, lors de la **crise étudiante** contre le gouvernement du Général de Gaulle. Comme l'indique l'apostrophe « Étudiante », il s'adresse aux jeunes femmes de l'université. Il pose la question de la **place des femmes dans la société** française.

■ Répondre aux questions

▶ **1.** Ne confonds pas le document et le livre dans lequel il est publié. Utilise le titre attribué au document. Ne te contente pas de donner le mot juste : propose une définition de ce mot.

▶ **2.** Cherche dans le texte tous les mots synonymes d'égalité. Que recouvre une « morale identique pour les filles et les garçons » ? Qu'est-ce qu'une « rémunération » ?

▶ **3.** Cherche dans le texte toutes les actions auxquelles les femmes ont « participé ».

▶ **4.** Le droit en question a été acquis en 1944.

▶ **5.** Pour trouver des réponses, cherche par catégories de droits : politiques, économiques, sociaux, juridiques… Ne limite pas tes réponses à des réformes instituant l'égalité hommes-femmes.

CORRIGÉ 24

▶ **1.** Ce document est un « tract », c'est-à-dire une feuille sur laquelle sont exposées des revendications. Il s'adresse aux « étudiantes », les jeunes filles qui fréquentent l'université, en juin 1968.

▶ **2.** Le texte propose au moins trois exemples d'inégalités entre hommes et femmes : l'inégalité de salaires (l. 11-12) ; l'inégalité des chances (l. 23), à l'école, par exemple ; l'inégalité « morale » (l. 19) qui autorise aux garçons des comportements interdits aux filles : sortir seul au cinéma, par exemple, concourir aux mêmes responsabilités, diplômes ou métier, etc.

▶ **3.** D'après le texte, lors des événements de mai 1968, les femmes ont participé aux manifestations (l. 1 et 4), aux débats politiques (l. 3), aux grèves (l. 6-7). Elles se sont aussi exposées sur les barricades (l. 1).

▶ **4.** Le droit politique acquis par les femmes avant 1968 est le droit de vote, accordé en 1944.

▶ **5.** Depuis 1968, la situation des femmes s'est améliorée en France. En 1975, la loi Veil autorise l'interruption volontaire de grossesse (IVG) ; en 1980, le congé maternité rémunéré est étendu à toutes les femmes et porté à 16 semaines. Sur le plan juridique, les époux deviennent égaux devant le devoir de fidélité et face au droit au divorce (1975) ; une loi réprimant les violences conjugales est votée en 2006. Dans les établissements scolaires, la mixité se généralise dans le courant des années 1970. Les jeunes filles peuvent accéder à des grandes écoles qui étaient traditionnellement réservées aux hommes, comme Polytechnique (en 1973, une jeune femme en sort major pour la première fois). Dans le domaine politique, la loi sur la parité (2000) permet aux femmes d'être mieux représentées à l'Assemblée.

SUJET **25**

Pondichéry • Mai 2017

ANALYSER UN DOCUMENT • 20 points

Les revendications des jeunes dans les années 1960

DOCUMENT **Les nouvelles aspirations de la jeunesse**

Ce que n'est pas une vie normale.

Avoir 20 ans et vivre en potache[1].

Ne pas pouvoir recevoir son père ou son frère dans sa chambre mais dans un foyer totalement impersonnel.

Demander l'autorisation pour danser dans un foyer qui nous est réservé.

Vivre dans une ambiance malsaine parce que la société qui veille sur nous a peur des « abus » de la jeunesse.

Enregistrer bêtement et passivement la culture imposée.

Mener une vie misérable dans tous les sens du terme, faire un travail au noir pour payer ses études ou sa piaule[2].

Abandonner ses études après trois ans en cité[3] parce qu'on est incapable de les payer.

Ce qu'est une vie normale.

Vivre libre et être responsable.

Être respecté au même titre que n'importe quel citoyen.

Avoir les mêmes droits et les mêmes responsabilités, que l'on soit un garçon ou une fille.

Faire de la cité[3] un lieu d'animation culturelle et de création artistique qui soit le fait des étudiants.

Pouvoir arriver au terme de ses études sans être aidé financièrement par papa.

Pouvoir discuter sur un pied d'égalité avec l'administration et ne pas recevoir de bonbons pour nous faire plaisir.

Si vous contestez ou si vous approuvez la politique menée, manifestez-vous, exprimez-vous.
Réunion d'information […]
Au foyer F jeudi 8 février [1967] à 20 h 30.

Tract de l'Association des résidents de la cité universitaire de Nanterre (ARCUN) rapporté par Emmanuelle Loyer, *Mai 68 dans le texte*, Bruxelles, Complexe, coll. « De source sûre », 2008.

1. Potache : collégien, lycéen (familier).
2. Piaule : chambre (familier).
3. Cité universitaire : résidence où sont logés des étudiants.

▶ **1.** Pourquoi peut-on dire que la jeunesse étudiante est confrontée à des difficultés financières selon les auteurs de ce texte ? *(6 points)*

▶ **2.** Relevez dans le document deux éléments qui montrent que les jeunes aspirent à plus de liberté et deux éléments qui montrent qu'ils aspirent à plus d'égalité. *(6 points)*

▶ **3.** Relevez la phrase du texte qui incite les jeunes à s'engager dans la vie politique. *(4 points)*

▶ **4.** À l'aide de vos connaissances, indiquez deux exemples d'évolution qui ont répondu aux aspirations de la jeunesse depuis les années 1960. *(4 points)*

LES CLÉS DU SUJET

■ Comprendre le document

Le document est le texte d'un **tract**. Ce support a vocation à diffuser une information, une **opinion** et à proposer une action. Dans les deux dernières lignes, le tract invite le lecteur à venir à une réunion d'information. Il date de février 1967, soit un an avant la crise étudiante de 1968. Comme l'indique la première ligne, « Avoir 20 ans et vivre en potache », le texte s'adresse à des jeunes. Il traduit les **revendications de la jeunesse** dans les années 1960.

■ Répondre aux questions

▶ **1.** D'après le texte, pourquoi un jeune abandonnerait-il ses études ?
▶ **2.** Pense à ce qui est interdit aux jeunes de l'époque. Que cherchent-ils en termes de droits ? Les garçons et les filles sont-ils traités à l'identique ?
▶ **3.** Ne te contente pas de citer la phrase. Justifie ton choix.

CORRIGÉ 25

> **Info +**
> Un emploi « au noir » est un travail non déclaré à l'administration.

▶ **1.** Selon les auteurs de ce texte, les jeunes sont confrontés à des difficultés financières : ils ne peuvent pas payer leurs études ou le loyer de leur chambre. Ils sont obligés de trouver un emploi « au noir » ou de se faire aider par leurs parents.

▶ **2.** Les étudiants veulent être libres de recevoir leurs proches dans leur chambre, de pratiquer des activités de loisir (danser, par exemple) ou de création artistique. Ils veulent l'égalité entre garçons et filles (les mêmes droits) et être à égalité avec l'administration quand ils échangent avec elle.

▶ **3.** La phrase qui incite les jeunes à s'engager dans la vie politique est la suivante : « si vous contestez ou si vous approuvez la politique menée, manifestez-vous, exprimez-vous ». Les auteurs du texte invitent ainsi les lecteurs à revendiquer et à expliquer les réformes qu'ils souhaitent.

> **Conseil**
> Ne te contente pas de citer une réforme : date-la.

▶ **4.** Parmi les réformes qui ont répondu aux revendications de la jeunesse, il y a, par exemple :
- l'abaissement de la majorité électorale de 21 à 18 ans (1974) ;
- la création du collège unique (égalité des élèves) par la loi Haby (1975) ;
- la généralisation de la mixité dans les écoles ou le développement des Maisons de la jeunesse et de la culture (MJC) dans les années 1960 ;
- la loi Neuwirth autorisant l'usage des contraceptifs (1967) ;
- la création des délégués de classe dans les écoles (1969) ;
- ou encore la mise en place des bourses d'étude et des allocations d'aide au logement pour les étudiants.

SUJET 26

France métropolitaine • Juin 2017
ANALYSER UN DOCUMENT • 20 points

Les aires urbaines françaises

DOCUMENT **Évolutions de la France urbaine**

L'un des éléments majeurs qui transforme le territoire national et la société française est la généralisation du fait urbain. Le seuil des 50 % de population urbaine, atteint au niveau mondial en 2007, a été franchi en France dès 1931. […] Les villes occupent aujourd'hui près de 22 % du territoire métropolitain, soit 119 000 km² sur un total de 550 000, contre 100 000 km² en 1999, ce qui représente une progression de 19 % en dix ans. Le rythme de la croissance urbaine est ainsi plus soutenu qu'au cours des décennies précédentes, proche de celui des années 1950 et 1960.

La croissance urbaine se traduit par l'agrandissement d'agglomérations existantes ou par l'apparition de nouvelles villes isolées. […] Aujourd'hui, l'urbanisation du territoire français est essentiellement le produit de l'étalement urbain, c'est-à-dire l'extension des surfaces urbanisées. […]

Cette généralisation du fait urbain a des conséquences majeures pour les territoires et leurs habitants. Elle transforme aussi bien les formes que les paysages. Lyon est un bon exemple de la diversité des espaces urbains à l'intérieur d'une même aire urbaine. L'étalement urbain brouille en effet les frontières traditionnelles de la ville. L'apparition de l'adjectif « périurbain » souligne l'émergence d'un espace mélangeant ville et campagne.

D'après Magali Reghezza-Zitt, « La France, une géographie en mouvement », *La Documentation photographique*, n° 8096, 2013.

▶ **1.** Recopiez deux informations du texte montrant que la population habitant dans les villes augmente. *(4 points)*

▶ **2.** Citez une information du texte qui montre que l'étalement urbain concerne l'ensemble du territoire national. *(3 points)*

▶ **3.** Indiquez une conséquence de l'étalement urbain. *(3 points)*

GÉOGRAPHIE

▶ **4.** Expliquez la phrase soulignée. *(4 points)*

▶ **5.** Réalisez un schéma et sa légende des différents types d'espaces qui composent une aire urbaine. *(6 points)*

LES CLÉS DU SUJET

Comprendre le document

• Le document est un article extrait d'un dossier de la Documentation photographique, consacré à la géographie de la France, écrit par une des meilleures spécialistes du sujet, Magali Reghezza-Zitt.

• Le premier paragraphe présente le développement de l'urbanisation en France. Le deuxième paragraphe établit l'étalement urbain comme forme principale de l'urbanisation contemporaine. Le troisième montre comment l'étalement urbain crée un nouveau type d'espace, le périurbain.

Répondre aux questions

▶ **1.** Attention à bien te concentrer sur la population ou la croissance urbaine, et pas sur l'étalement urbain.

▶ **3.** Le mot-clé « conséquence » figure dans le troisième paragraphe.

▶ **4.** Il faut définir et expliquer ce qu'est un espace périurbain, en s'attachant à montrer aussi bien ses caractères ruraux que ses caractères urbains.

▶ **5.** Prends le temps de faire un schéma propre. Pense à intégrer les axes de transports, essentiels pour comprendre le fonctionnement d'une aire urbaine. N'oublie pas la légende !

CORRIGÉ 26

▶ **1.** Deux informations montrent que la population habitant dans les villes augmente :

• « Le seuil des 50 % de population* urbaine, atteint au niveau mondial en 2007, a été franchi en France dès 1931. »

• « Le rythme de la croissance urbaine est ainsi plus soutenu qu'au cours des décennies précédentes, proche de celui des années 1950 et 1960. »

▶ **2.** Une information montre que l'étalement urbain concerne l'ensemble du territoire national : « Les villes occupent aujourd'hui près de 22 % du territoire métropolitain. »

▶ **3.** Une conséquence de l'étalement urbain, c'est-à-dire de l'extension des surfaces urbanisées, est le développement de la périurbanisation. Les aires urbaines françaises sont à présent entourées d'une couronne périurbaine, dont les habitants travaillent souvent dans la ville-centre, mais résident au-delà de la banlieue, dans cet espace intermédiaire qu'est le périurbain.

▶ **4.** Le « périurbain » est en effet « un espace mélangeant ville et campagne ». Périurbain signifie « autour de la ville ». Le périurbain est un espace intermédiaire entre le pôle urbain (la ville et ses banlieues) et l'espace rural. Les habitants du périurbain sont des citadins qui vivent « à la campagne », ce qui leur permet de gagner en surface et en mode de vie, au prix de déplacements incessants (explosion des mobilités). Mais les villages périurbains, jadis ruraux, sont dès lors devenus des espaces urbanisés, où les fonctions résidentielles et commerciales sont prédominantes et les fonctions agricoles marginales, voire absentes. L'espace rural périurbain, fantasmé par des citadins en mal de nature et de calme bucolique, devient un nouvel espace : ce n'est plus la ville et ce n'est plus vraiment la campagne.

Gagne des points
Développe cette réponse tout en gardant à l'esprit le sujet : tu dois montrer que le périurbain est un mélange ville-campagne.

▶ **5.** Schéma d'une aire urbaine.

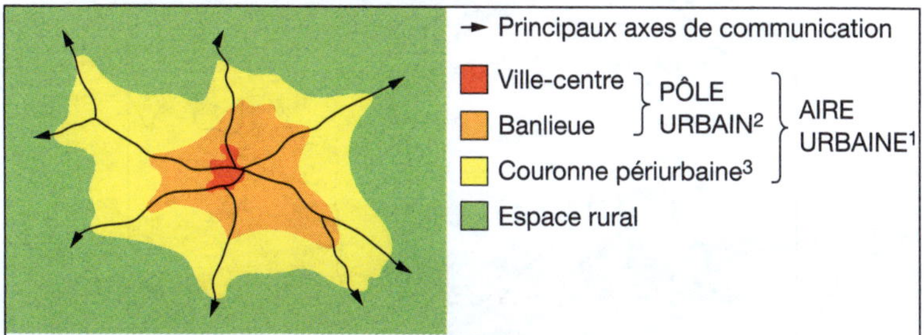

1. Aire urbaine : espace constitué d'un pôle urbain et d'une couronne périurbaine.
2. Pôle urbain : agglomération comptant 5 000 emplois ou plus.
3. Couronne périurbaine : ensemble des communes dont au moins 40 % des habitants actifs vont travailler dans l'aire urbaine.

SUJET

27

Nouvelle-Calédonie • Décembre 2017

MAÎTRISER LES DIFFÉRENTS LANGAGES • 20 points

Aires urbaines et étalement urbain

▶ **1.** Sous la forme d'un développement construit d'une vingtaine de lignes et en vous appuyant sur un ou des exemples vus en classe, décrivez les différents espaces d'une aire urbaine et les conséquences de l'étalement urbain en France. *(15 points)*

▶ **2.** Localisez et nommez sur le fond de carte ci-dessous cinq des principales aires urbaines françaises. *(5 points)*

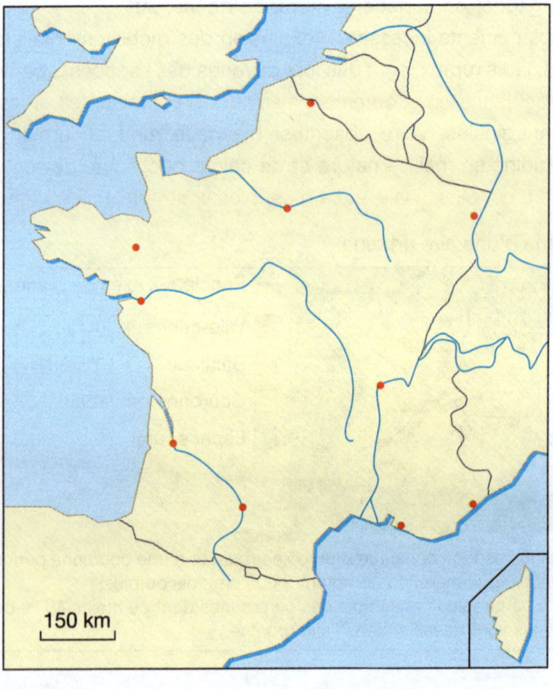

LES CLÉS DU SUJET

▶ **1.** En guise d'introduction, tu peux rappeler pourquoi l'essentiel de la population française peut aujourd'hui être qualifiée d'urbaine.

• Pour le plan, conforme-toi à l'énoncé du sujet : présente d'abord la morphologie (la forme) d'une aire urbaine, ses différents espaces, et précise pourquoi elle « grossit » ; cela te permettra d'établir l'étalement urbain.

• Explique ensuite cet étalement de la ville dans l'espace environnant et ses conséquences (négatives).

• Ton professeur t'a certainement présenté l'aire urbaine dans laquelle tu vis : utilise cet exemple pour illustrer ton propos.

CORRIGÉ 27

▶ **1.** Pas moins de 85 % de la population française réside aujourd'hui dans une aire urbaine, et jusqu'à 95 % si l'on prend en compte l'ensemble des territoires sous influence urbaine. C'est dire l'importance de connaître les caractéristiques de cet espace.

• Une aire urbaine s'organise en plusieurs espaces aux morphologies différentes. La ville-centre est un espace bâti en continu, très dense : *ainsi du centre historique de Rouen*. Lui succèdent des banlieues, résidentielles, constituées d'habitats pavillonnaires, *comme Mont-Saint-Aignan ou Bois-Guillaume*, ou de grands ensembles d'habitats collectifs, *tels Les Hauts de Rouen*. La ville-centre et ses banlieues forment un pôle urbain, au-delà duquel se situe la couronne périurbaine : celle-ci se caractérise par un habitat qui s'agglomère autour de petits villages-centres, lesquels grossissent avec le développement des habitats pavillonnaires ; mais au moins 40 % des habitants de la couronne travaillent dans le pôle urbain. *Isneauville ou Quincampoix* sont de parfaites illustrations de ce périurbain en progrès.

> **REMARQUE**
> Remplace le texte en italique par l'exemple que tu as étudié en classe. L'articulation du développement reste la même.

GÉOGRAPHIE

• Les villes s'étalent et leur densité diminue. La périurbanisation gagne sur les campagnes proches, grignotant l'espace rural environnant, à la faveur du développement de l'automobile et de prix fonciers plus attractifs. La dissociation entre lieu de vie, lieu de travail, lieu de loisirs ou de consommation, a été permise par le développement de l'automobile. Cet étalement urbain a pour conséquence une explosion des mobilités. Les axes de communication sont donc saturés par les migrations pendulaires : *la route de Neufchâtel, qui part de Rouen vers le nord, est ainsi quasi bloquée aux heures de pointe, car elle traverse toute la banlieue nord de l'agglomération et la connecte aux espaces périurbains.* Ces mobilités génèrent pertes de temps et pollution : elles sont donc un enjeu majeur de développement durable.

> GAGNE DES POINTS
> Dessine un petit schéma représentant la composition d'une aire urbaine : ville-centre, banlieue et couronne périurbaine. Tu peux aussi y figurer les migrations pendulaires.

▶ 2.

NB : Les dix aires urbaines localisées sur la carte ont ici été nommées. Il vaut mieux, le jour de l'épreuve, se contenter des cinq demandées, pour consacrer le maximum de temps au développement construit.

SUJET 28

Sujet zéro

MAÎTRISER LES DIFFÉRENTS LANGAGES • 20 points

Les espaces et les dynamiques des villes françaises

▶ **1.** Sous la forme d'un développement construit d'une vingtaine de lignes et en vous appuyant sur un ou des exemples d'aires urbaines étudiés en classe, décrivez les espaces et les dynamiques des villes françaises.

▶ **2.** Localisez et nommez sur le fond de carte ci-dessous Paris et quatre aires urbaines de votre choix.

Les principales aires urbaines de la France métropolitaine

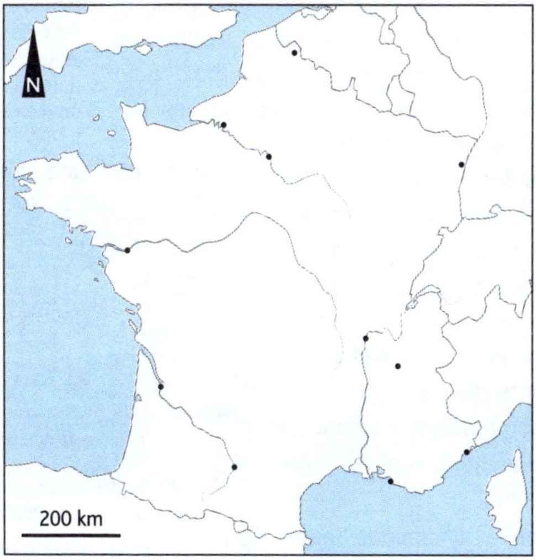

GÉOGRAPHIE

LES CLÉS DU SUJET

▶ **1.** Le développement construit est centré sur les aires urbaines. On te demande d'abord de décrire les espaces urbains. Tu profiteras de cette première partie pour présenter la composition d'une aire urbaine et définir correctement les différents termes clés (pôle urbain, couronne périurbaine). Tu consacreras ta seconde partie à la description des dynamiques urbaines, c'est-à-dire les évolutions des villes à différentes échelles. Ici, tu peux te contenter d'une dynamique à l'échelle urbaine (l'étalement) et à l'échelle nationale (la métropolisation).

CORRIGÉ 28

▶ **1.** Les villes françaises – en fait les aires urbaines – rassemblent aujourd'hui 85 % de la population totale. Une aire urbaine est constituée d'un pôle urbain et de sa couronne périurbaine, lesquels s'opposent à l'espace rural environnant. Le pôle urbain peut être divisé en deux espaces de morphologies différentes : la ville-centre, à l'habitat très dense, et les banlieues, moins denses et composées soit d'habitats collectifs, soit d'habitats individuels. Ce pôle urbain rassemble au moins 5 000 emplois. Autour de lui, la couronne périurbaine, qui peut être très étendue, compte des communes qui ne sont pas contiguës, mais dont au moins 40 % des actifs vont travailler dans l'aire urbaine.

Conseil
Tu peux illustrer ta réponse à l'aide d'un schéma simple, sur lequel tu porteras le nom de l'aire urbaine étudiée en classe.

Schéma d'une aire urbaine

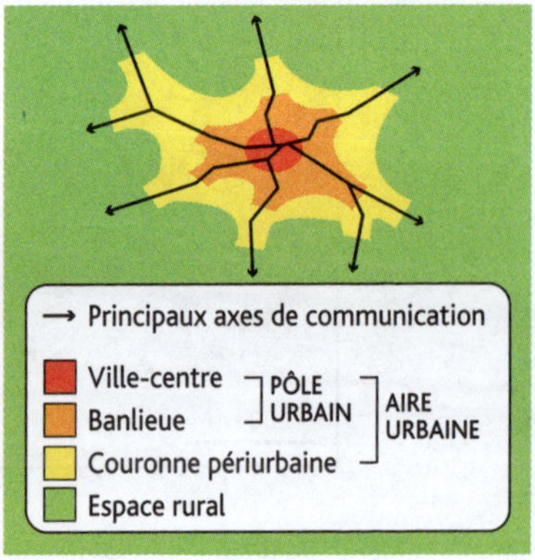

C'est la première dynamique manifeste des villes françaises : l'étalement des aires urbaines, qui entraîne une explosion des mobilités, notamment des migrations pendulaires domicile-travail. Une deuxième dynamique, à l'échelle nationale cette fois, est la métropolisation : plus une aire urbaine est élevée dans la hiérarchie urbaine nationale, plus elle tend à se renforcer, à concentrer les hommes et les activités. Paris, ville mondiale, profite le plus de cette dynamique, suivie par les autres grandes métropoles de rang national, voire européen : Lille, Lyon, Marseille, Toulouse notamment. À l'inverse, les villes petites et moyennes, surtout dans les régions les moins dynamiques, connaissent davantage de difficultés.

▶ 2.

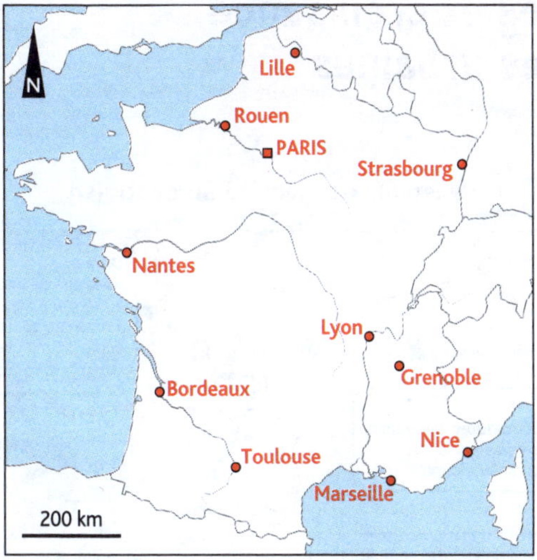

Sur la carte ci-dessus, toutes les aires urbaines repérées ont été nommées. Mais, le jour de l'examen, contente-toi de faire ce qui est demandé pour ne pas perdre de temps.

Centres étrangers • Juin 2017

ANALYSER DES DOCUMENTS • 20 points

Mobilités et croissance des aires urbaines

DOCUMENT 1 Un exemple de mobilité au quotidien

D'après J.-B. Bouron et P.-M. Georges, *Les territoires ruraux en France*, 2015.

DOCUMENT 2 **Des Français hypermobiles**

L'augmentation des vitesses qui favorise les déplacements a permis une dissociation des lieux de vie et d'habitat, de travail, de consommation et de loisirs. Chaque individu va ainsi pouvoir construire son territoire au sens d'espace de vie. Ce territoire va pouvoir varier au cours du temps.

C'est à l'échelle locale que les transformations sont les plus visibles […] Certains individus vivent à l'échelle de leur quartier quand d'autres parcourent chaque jour des dizaines de kilomètres pour se rendre à leur travail. Pour certains, les déplacements domicile-travail se font entre des villes distantes de plusieurs centaines de kilomètres : ils « navettent » grâce au train à grande vitesse ou à l'avion.

Extrait de M. Reghezza-Zitt, *La France, une géographie en mouvement*, La Documentation photographique, n° 8096, 2013.

DOCUMENT 1

▶ **1.** Identifiez le lieu où Juliette et Xavier ont habité et le lieu où ils habitent aujourd'hui. *(2 points)*

▶ **2.** Expliquez deux raisons de ce changement de lieu de vie. *(6 points)*

▶ **3.** Relevez une contrainte liée à ce choix de lieu de vie. *(2 points)*

DOCUMENTS 1 ET 2

▶ **4.** Sélectionnez la proposition qui caractérise le mieux les déplacements de Xavier. Recopiez-la et justifiez votre choix. *(4 points)*

a) « Certains individus vivent à l'échelle de leur quartier. »

b) « D'autres parcourent chaque jour des dizaines de kilomètres pour se rendre à leur travail. »

c) « Pour certains, les déplacements domicile-travail se font entre des villes distantes de plusieurs centaines de kilomètres. »

▶ **5.** Expliquez pourquoi les mobilités favorisent la croissance des aires urbaines. *(6 points)*

LES CLÉS DU SUJET

Comprendre les documents

- Le **document 1** est original : il représente sur une carte les mobilités dans la vie quotidienne d'un couple. Le **document 2** complète le premier en remettant en perspective ces mobilités sur un plan plus général.
- Le **document 1** n'est pas difficile à comprendre, mais exige une lecture précise de son contenu. Le **document 2** est d'un accès plus délicat, il comporte des termes scientifiques que tu as dû voir en cours : « hypermobilité », « dissociation des lieux de vie », « espace de vie », « navetteurs ».

Répondre aux questions

▶ **1.** Il faut à la fois lire les textes sur la carte et la légende de la carte.

▶ **2.** Le texte associé à la carte donne les réponses. Attention à ne pas oublier un argument : il y en a trois.

▶ **3.** Tu connaîs cette contrainte grâce à ton cours, mais elle figure aussi sur le document.

▶ **4.** Il faut mettre en relation les idées du document 2 avec les déplacements de Xavier (pas de Juliette) du document 1. Chaque proposition correspond à une échelle de distance. Combien Xavier parcourt-il de kilomètres pour aller à son travail (doc. 1) ? N'oublie pas de justifier ton choix.

▶ **5.** N'hésite pas à utiliser les documents pour illustrer tes idées.

CORRIGÉ 29

▶ **1.** Juliette et Xavier habitaient à Lyon, mais ils ont déménagé et résident désormais à La Tour-du-Pin, à 70 km de Lyon, qui se situe pratiquement à équidistance de Lyon, Chambéry et Grenoble.

▶ **2.** Xavier et Juliette ont choisi cette localisation en couronne périurbaine par une conjugaison de facteurs : c'est d'abord un choix de vie (la campagne, mais pas le rural profond) ; l'éloignement des centres leur permet d'avoir accès à un immobilier moins cher ou plus spacieux (maison de village) ; enfin, leur localisation équidistante à

> **Gagne des points**
> Pour les deux questions à 6 points (2 et 5), ta réponse doit être détaillée : rédige un développement de quelques lignes, afin de récolter tous les points.

trois bassins d'emplois leur permet de maximiser leurs opportunités d'emploi. L'existence de moyens de communication cadencés (train) et rapides (autoroute) leur permet cette dissociation entre lieu de résidence et lieu de travail. Le déclencheur de ce changement de vie a été, comme très souvent, la naissance de leur premier enfant.

▶ **3.** La contrainte principale de ce choix de vie est la longueur des trajets (et donc leur coût). C'est particulièrement vrai pour Juliette, qui travaille à Grenoble, et fait donc 180 km aller-retour, soit 3 h 20 perdues dans les transports, 5 jours par semaine, même si elle peut occasionnellement travailler depuis chez elle (télétravail).

▶ **4.** La bonne proposition est la **b)** : « D'autres parcourent chaque jour des dizaines de kilomètres pour se rendre à leur travail. » Aller-retour, Xavier effectue en effet 70 km entre La Tour du Pin, où il habite, et Lyon, où il travaille. C'est moins que Juliette, qui relèverait davantage de la proposition **c)** (180 km).

▶ **5.** Les aires urbaines se composent de différents espaces, connectés entre eux par des réseaux de communication rapides. La ville-centre et la banlieue constituent l'agglomération, autour de laquelle s'étend, en tache d'huile, avec une préférence le long des axes de communication, la couronne périurbaine.

Depuis les années 1960, avec la hausse du niveau de vie des Français et le développement de l'usage de l'automobile, ces espaces périurbains se sont considérablement étendus : 25 % de la population française y résident aujourd'hui, profitant d'atouts incontestables (espace, qualité de vie, coût). L'espace périurbain grignote l'espace rural.

Cette croissance des aires urbaines par le périurbain est liée au développement des mobilités : le développement des moyens de transport modernes (l'autoroute, LGV notamment, voire l'avion) permet une dissociation croissante des lieux de vie : habitat, travail, consommation, loisirs ne se situent plus nécessairement à courte distance. Cette « hypermobilité » maximise les atouts des espaces périurbains, favorisant ainsi la croissance des aires urbaines au prix de longues et coûteuses migrations pendulaires.

Gagne des points
N'hésite pas à réutiliser le vocabulaire scientifique du document 2.

GÉOGRAPHIE

Sujet inédit

MAÎTRISER LES DIFFÉRENTS LANGAGES • 20 points

La mondialisation et le système urbain français

▶ **1.** Sous la forme d'un développement construit d'une vingtaine de lignes et en vous appuyant sur les exemples étudiés en classe, vous analyserez comment la mondialisation influence le système urbain français.

▶ **2.** Complétez le schéma d'une aire urbaine suivant :
– complétez la légende ;
– représentez sur le schéma les déplacements quotidiens des habitants.

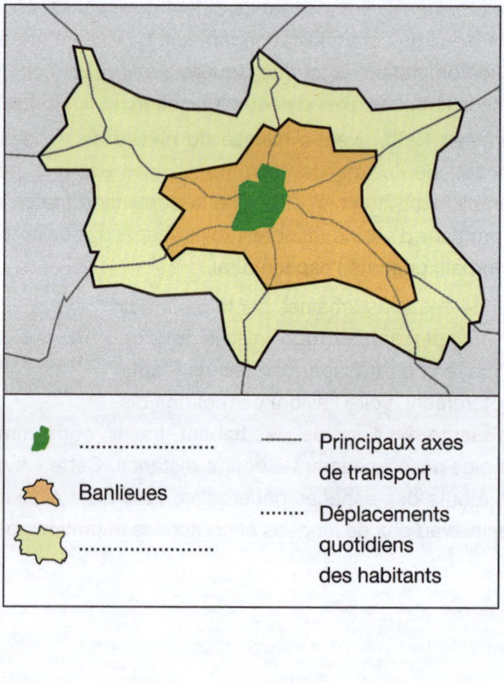

LES CLÉS DU SUJET

▶ **1.** On te demande d'analyser le « système urbain », cela signifie que tu dois mettre l'accent sur la hiérarchie urbaine et les relations entre les aires urbaines. À chacune de ses échelles (Paris, métropoles, villes petites et moyennes), le réseau urbain est touché de façon différente par les processus de mondialisation.

Tu peux donc construire ton développement en analysant tour à tour les différents niveaux d'échelle : commence par décrire la tête du réseau urbain, Paris, ville mondiale ; présente ensuite le niveau des métropoles régionales hors Paris ; termine enfin par les villes petites et moyennes. À chacun de ces niveaux, mets ton propos en relation avec la mondialisation.

CORRIGÉ 30

▶ **1.** La mondialisation privilégie les lieux de commandement connectés, la métropolisation touche donc fortement le territoire français et favorise avant tout la capitale, Paris. L'aire urbaine de Paris compte 12,4 millions d'habitants. Héritière de mille ans de centralisation royale, impériale et républicaine, la capitale de la France concentre les fonctions supérieures de l'État. Paris abrite à présent aussi les fonctions de commandement du capitalisme mondialisé. La région-capitale produit 30 % du PIB français. Ville mondiale hyperconnectée aux autres villes mondiales, Paris est l'interface primaire du pays avec le reste du monde, notamment *via* les aéroports de Roissy-Charles-de-Gaulle et Orly.

> **Info +**
> La loi MAPTAM, de Modernisation de l'action publique territoriale et d'affirmation des métropoles, du 27 janvier 2014, a notamment créé le statut de métropole et vise à en développer les compétences.

Hors Paris, le territoire français est structuré par un réseau de métropoles régionales, qui dominent et organisent le système urbain. 14 d'entre elles bénéficient du statut de métropole aux compétences élargies par la loi MAPTAM. Dans sa stratégie de développement, chaque métropole s'efforce d'attirer le plus grand nombre d'activités grâce à des projets d'équipement et des plans de communication. Les métropoles dominent donc de plus en plus fortement leur espace régional. Elles développent également des relations hors de leur système régional, avec d'autres métropoles,

GÉOGRAPHIE

françaises ou européennes. Les coopérations transfrontalières sont largement sollicitées, par exemple Lille avec la Belgique ou Mulhouse avec la métropole suisse de Bâle.

Les villes petites et moyennes (moins de 100 000 habitants) tissent en France un réseau de chefs-lieux de cantons et de départements. Dans ces villes sont surreprésentés les activités industrielles, les services aux populations et l'économie résidentielle. Or, la mondialisation a largement détruit les industries les moins compétitives. Les deux tiers des villes petites et moyennes perdent aujourd'hui des habitants. Ces villes petites et moyennes sont devenues dépendantes de leur proximité avec une métropole, surtout dans les régions dynamiques : les villes petites et moyennes du sud et de l'ouest continuent ainsi de gagner des habitants.

▶ **2.**

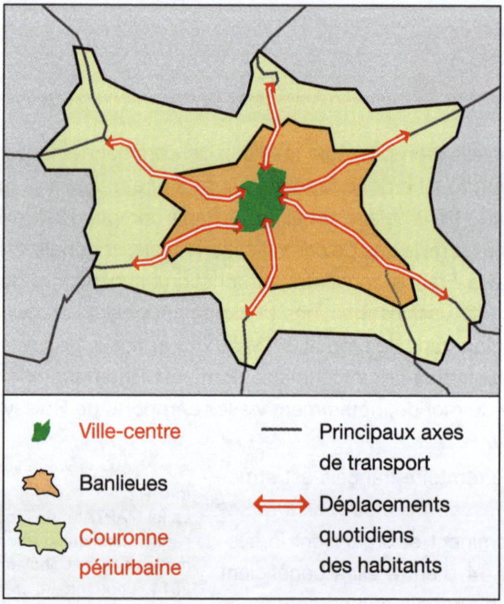

Pondichéry • Mai 2017

MAÎTRISER LES DIFFÉRENTS LANGAGES • 20 points

Les espaces productifs industriels français et la mondialisation

▶ **1.** Rédigez un texte structuré d'une vingtaine de lignes montrant que la mondialisation transforme les espaces productifs français. Vous traiterez au choix : espaces productifs industriels *ou* espaces productifs agricoles *ou* espaces productifs touristiques *ou* espaces productifs d'affaires. Vous pouvez vous appuyer sur un exemple étudié en classe.

▶ **2.** En utilisant la légende, localisez et nommez sur la carte :
– un grand port maritime ;
– deux métropoles.
Placez sur la carte la principale façade maritime française ouverte sur le monde et reportez le figuré choisi en légende.

Territoire français et mondialisation : quelques aspects

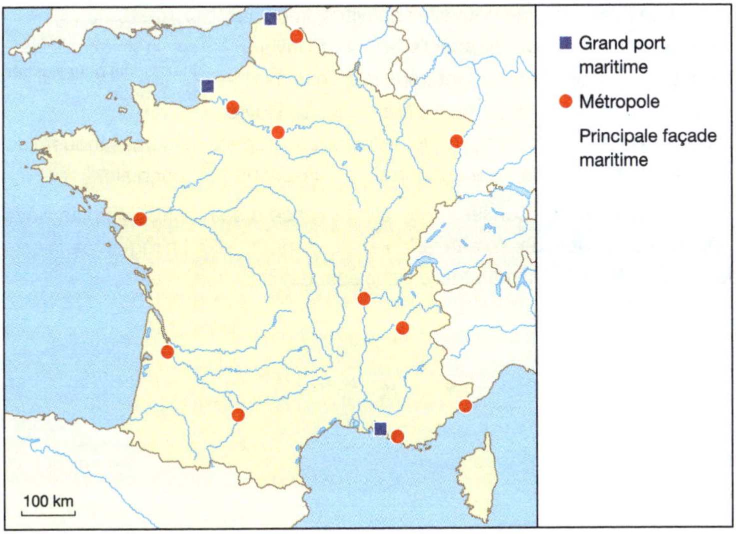

LES CLÉS DU SUJET

▶ **1.** On traitera ici le cas des **espaces productifs industriels.**

- Commence par poser la question centrale du déclin industriel français.
- Analyse ensuite les mutations des espaces industriels français sous l'effet de la compétition internationale.
- Décris enfin les formes métropolitaines de l'industrie actuelle.

CORRIGÉ 31

▶ **1.** Face à la mondialisation, la France est-elle en voie de désindustrialisation ? En effet, l'industrie française ne crée plus que 12,5 % de la valeur ajoutée nationale et 0,5 million d'emplois industriels ont été détruits depuis 2007 ! L'industrie française manque de compétitivité. Néanmoins, les espaces industriels ont évolué pour s'adapter à la concurrence internationale.

- La mondialisation a entraîné le déclin des activités industrielles traditionnelles dans les régions du nord et de l'est. Mais de nouvelles activités, liées aux investissements directs étrangers, s'y sont développées. Les espaces littoraux ont bénéficié de la maritimisation de l'économie (ports de Marseille, Le Havre et Dunkerque) : les activités industrielles ont fleuri dans les zones industrialo-portuaires, malgré une forte concurrence européenne et mondiale.

> **Gagne des points**
> Tu peux compléter ton développement par un schéma simple (hexagone) pour illustrer ton propos.

- En outre, la France conserve des atouts grâce à ses métropoles, en développant les activités en clusters et pôles de compétitivité. La région parisienne est la première région industrielle française, devant Lyon.

▶ 2.

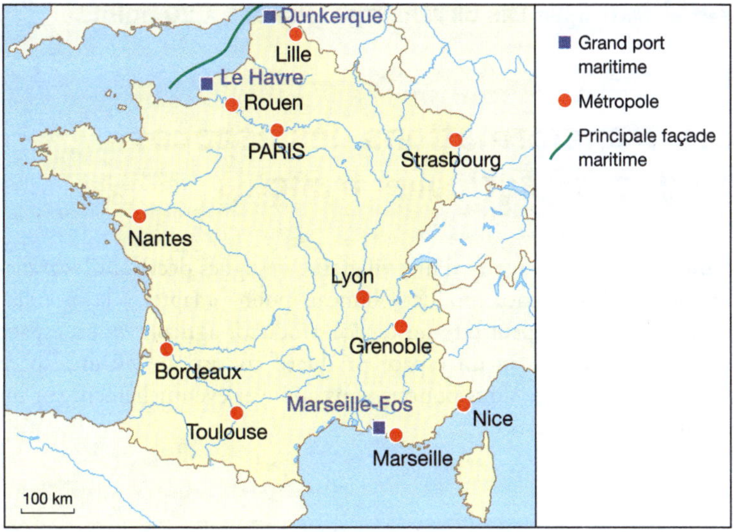

NB : Sur la carte ci-dessus, toutes les localisations ont été renseignées, mais contente-toi de celles qui sont demandées.

SUJET

32

Amérique du Nord • Juin 2017

MAÎTRISER LES DIFFÉRENTS LANGAGES • 20 points

Les transformations des espaces productifs agricoles français

Rédigez un texte structuré d'une vingtaine de lignes décrivant les transformations d'un espace productif français pour s'adapter à la mondialisation (cet espace peut être un espace productif agricole *ou* un espace productif industriel *ou* un espace productif touristique *ou* un espace productif d'affaires). Vous pourrez vous appuyer éventuellement sur un exemple étudié en classe.

LES CLÉS DU SUJET

• Curieusement, ce sujet ne comporte pas de tâche cartographique ; seul un développement construit est prévu. Il faut le soigner tout particulièrement, car il rapporte 20 points à lui seul.

• Tu dois prévoir un développement en **plusieurs paragraphes**, en reprenant l'articulation du cours de ton professeur. Veille à bien marquer les paragraphes par un alinéa. Une phrase ou deux d'introduction, et de conclusion, sont bienvenues.

• Tu dois autant que possible **utiliser l'exemple que tu as étudié en classe**, vraisemblablement sous la forme d'un dossier documentaire. Tu dois non seulement citer l'exemple, mais également le présenter en détail, afin qu'il **apporte une plus-value à ton développement.**

• Le sujet porte explicitement sur les **adaptations des espaces productifs à la mondialisation**. Il te faut donc traiter ton sujet en gardant cette idée en tête. Nous traiterons dans ce corrigé l'espace productif agricole français.

• Tu peux montrer d'abord la puissance de l'agriculture française à l'échelle mondiale ; puis comment les espaces agricoles français se sont spécialisés afin d'être plus compétitifs dans la mondialisation ; enfin comment la mondialisation affecte différemment les espaces.

CORRIGÉ 32

Bien loin de l'image éternelle du paysan français et d'une ruralité rassurante, le monde agricole est au contraire traversé par de fortes tensions liées à l'insertion des espaces productifs agricoles dans la mondialisation.

La France est toujours une grande puissance agricole, deuxième dans l'Union européenne (UE) et quatrième exportateur mondial, mais encore première pour la productivité. L'agriculture ne représente que 2,3 % du PIB (mais 6,5 % si l'on ajoute les industries agroalimentaires) pour 3 % de la population active. Les produits bruts de l'agriculture sont transformés par de puissantes industries agroalimentaires, secteur fortement exportateur, notamment au travers de grands groupes transnationaux, comme Danone.

La politique agricole commune, instituée par l'UE, et la mondialisation ont poussé les agriculteurs à la modernisation de leur système de production. L'agriculture productiviste est fortement consommatrice de matériels, d'intrants (engrais, produits phytosanitaires), de techniques (irrigation, suivi satellite), de capitaux, de recherche (semences hybrides, agronomie). La recherche de la compétitivité a poussé à une spécialisation des espaces productifs.

> **Gagne des points**
> Dessine un petit schéma hexagonal rappelant les grands espaces agricoles. Les deux heures de l'épreuve te laissent un temps suffisant.

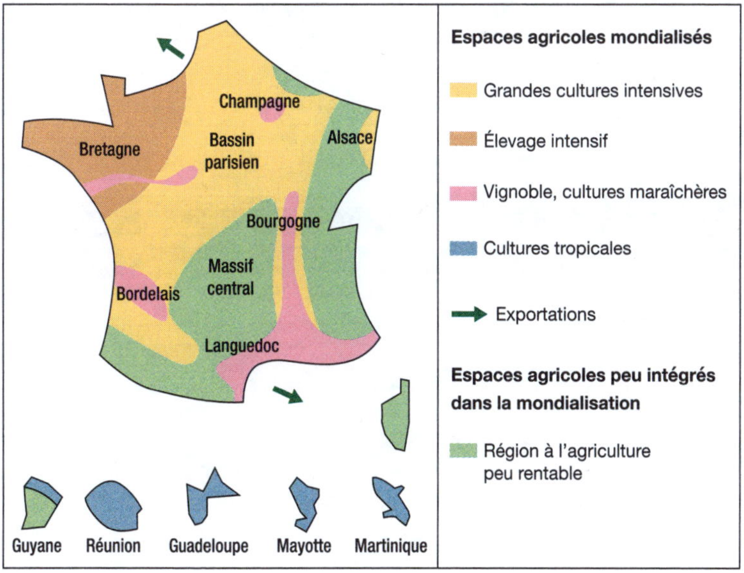

GÉOGRAPHIE

Chaque terroir valorise ses avantages comparatifs : grande culture à dominante céréalière dans le bassin parisien, élevage intensif en Bretagne, viticulture en Bourgogne, dans le Bordelais, en Champagne. L'agriculture productiviste a cependant conduit à des excès : pollutions, surconsommation d'eau, crises sanitaires (maladie de la vache folle ou grippe aviaire).

Les régions les plus intégrées dans la mondialisation, compétitives et exportatrices (grande céréaliculture, élevage industriel, vignobles de renom), comptent des exploitations de grandes dimensions, aux revenus souvent élevés, mais exposées à la concurrence étrangère, celle du poulet brésilien par exemple. Les espaces peu insérés dans les réseaux de la mondialisation, en revanche, se marginalisent progressivement. Les exploitations sont de plus petites dimensions, les revenus plus faibles, les cultures moins spécialisées (polyculture). Certains de ces espaces connaissent cependant parfois une certaine revitalisation, à travers le développement de labels, de filières courtes ou du tourisme vert.

> **Gagne des points**
> En fonction de l'exemple étudié en cours, il est recommandé de développer ses caractéristiques dans ce paragraphe, soit dans les espaces intégrés, soit dans les régions marginalisés.

Les espaces productifs agricoles français sont donc mis sous forte tension par les processus mondialisés, qui en accentuent les différences, les spécialités, les inégalités.

SUJET

33

D'après Antilles, Guyane • Juin 2013

ANALYSER UN DOCUMENT • 20 points

Le développement d'un tourisme de masse

DOCUMENT La Grande Motte vue du ciel

ph © Dominique André/Photobim/MAXPPP

La Grande Motte est une station balnéaire qui a été construite à partir de 1965, dans le cadre d'un programme d'aménagement du littoral lancé par l'État français, pour développer un tourisme de masse dans la région Languedoc-Roussillon.

GÉOGRAPHIE

▶ **1.** Quelle est la nature de ce document ?

▶ **2.** Où se trouve La Grande Motte ?

▶ **3.** Placez sur le document les numéros correspondant aux éléments suivants :

- 1 Le centre-ville (résidences, hôtels, restaurants, commerces…)
- 2 Le port de plaisance
- 3 Les campings
- 4 Les plages
- 5 La mer Méditerranée

▶ **4.** Pourquoi les touristes sont-ils attirés par cet espace ?

▶ **5.** Quel acteur a été à l'origine de l'aménagement de cet espace pour le tourisme ?

▶ **6.** Citez des exemples d'emplois créés par le tourisme pour la population locale.

LES CLÉS DU SUJET

Comprendre le document

Le document est une photographie aérienne oblique. Toutes les photographies qui te seront proposées sont des archétypes, c'est-à-dire des images-exemples d'un phénomène géographique particulier. Il s'agira donc souvent de reconnaître sur l'image des données vues en cours.

Répondre aux questions

▶ **1.** Une ligne suffit. Contente-toi de répondre à la question sans développer la localisation. Celle-ci fait l'objet de la question suivante.

▶ **2.** Sois aussi précis que possible : tu peux t'aider de la légende de la photographie, mais ce sera mieux si tu apportes quelques connaissances supplémentaires.

▶ **3.** On te demande de reconnaître et d'identifier les différents éléments de la photographie. Commence par ce dont tu es certain(e), par exemple la mer Méditerranée et les plages.

▶ **4.** Fais la liste de tout ce qui peut amener des touristes en ce lieu. Tu peux t'aider de ton expérience personnelle… mais ne raconte pas tes vacances !

▶ **5.** La réponse figure dans la légende du document. Essaye de développer d'après tes connaissances personnelles si cela t'est possible.

▶ **6.** Aide-toi des éléments que l'on t'a demandé de placer sur la photographie et, là aussi, de ton expérience personnelle.

CORRIGÉ 33

▶ **1.** Le document est une photographie aérienne oblique.

▶ **2.** La Grande Motte est une station balnéaire, située dans la région Languedoc-Roussillon, sur la Méditerranée, à quelques kilomètres à l'est de l'aéroport de Montpellier.

▶ **3.** Placement des numéros : [1] en bas à droite ; [2] en haut au centre ; [3] en haut à droite ; [4] en bas à gauche ; [5] en haut à gauche.

▶ **4.** Les touristes sont attirés par l'espace de La Grande Motte en raison des aménités offertes :

> **Info +**
> Aménités : caractéristiques qui rendent un espace attractif, agréable à vivre.

- la mer Méditerranée, une mer chaude, qui permet les activités balnéaires ;
- l'assurance d'un été chaud et sec grâce au climat méditerranéen ;
- une certaine proximité – donc un moindre coût de transport – avec les zones de départ (région parisienne ou Europe du nord, par exemple) ;
- la présence d'un réseau de transport performant (aéroport, TGV et autoroute) ;
- la présence d'équipements touristiques (hébergements, restauration, port de plaisance, etc.) pour les activités balnéaires et nautiques.

▶ **5.** C'est l'État français qui fut à l'origine de ces aménagements qui ont fait de La Grande Motte une station de tourisme de masse. À partir de 1963, l'État a en effet planifié la construction d'un ensemble de stations balnéaires en Languedoc-Roussillon (Port-Camargue, Le Cap d'Agde, Gruissan, Port-Leucate, Port-Barcarès), lançant ainsi le développement touristique régional tout en désengorgeant la Côte d'Azur saturée.

> **Gagne des points**
> Si tu connais d'autres aménagements touristiques de ce genre, n'hésite pas à les citer : cela rendra ta copie plus fournie, et fera donc monter la note.

▶ **6.** Le tourisme a créé de nombreux emplois : plagistes, restaurateurs, hôteliers, commerçants de toutes sortes, ainsi que tous les emplois indirects suscités par l'afflux estival des touristes. Toutefois, nombre de ces emplois sont saisonniers, ce qui en limite sensiblement l'intérêt.

GÉOGRAPHIE

SUJET

34

Sujet inédit

MAÎTRISER LES DIFFÉRENTS LANGAGES • 20 points

Dynamiques des espaces touristiques français

▶ **1.** Rédigez un texte structuré d'une vingtaine de lignes montrant que la mondialisation transforme les espaces productifs touristiques français. Vous pouvez vous appuyer sur un exemple étudié en classe. *(15 points)*

▶ **2.** Sur le fond de carte *(5 points)* :

• Localisez et nommez trois mers ou océans.

• Pour les éléments suivants, choisissez un figuré adapté dans la légende, puis localisez et nommez :

– le principal pôle touristique français et mondial ;

– deux régions de tourisme balnéaire ;

– une région de tourisme montagnard et une région de tourisme vert ;

– un grand aménagement touristique (ex. : Futuroscope, Parc Astérix, Disneyland Paris).

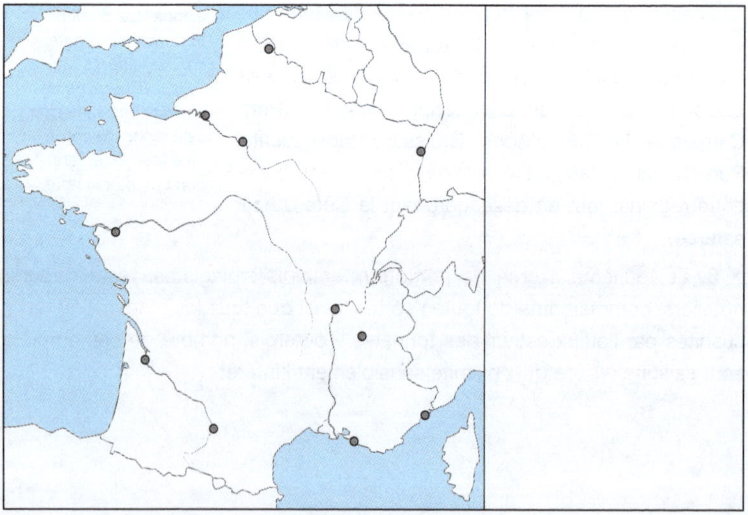

LES CLÉS DU SUJET

▶ **1.** Tu peux développer trois axes : l'intérêt du tourisme mondialisé pour la France ; l'explication de la réussite française par la variété des types touristiques ; les conséquences spatiales des activités touristiques.

Pour gagner des points, il peut être utile de :

– rédiger une introduction qui replacera le tourisme dans le secteur des services ;

– renvoyer à la carte du second exercice ;

– rédiger une conclusion sur les effets de la mondialisation sur les espaces touristiques.

CORRIGÉ 34

▶ **1.** Le secteur tertiaire, qui produit des services et non des biens, est aujourd'hui le seul à créer des emplois : il représente 76 % de la population active française.

Parmi ces services, le tourisme est une activité majeure sur le territoire : la France est le premier pays touristique mondial (2 millions d'emplois, 7 % du PIB), avec en 2017 près de 89 millions de touristes étrangers, surtout européens, mais aussi américains, qui ont généré plus de 54 milliards d'euros de recettes. Ainsi, la mondialisation entraîne une augmentation du nombre de touristes, mais aussi une diversification de leur origine, avec le développement rapide des émergents (Chinois, Russes).

> GAGNE DES POINTS
> Donne un court exemple pour chaque type de tourisme.
> Tu peux utiliser ta propre expérience.

Cette fréquentation record s'explique par la grande variété du territoire et l'extrême richesse du patrimoine français. Tous les types de tourisme y sont représentés (voir carte) : culturel (surtout Paris, ses musées et son patrimoine architectural), d'affaires (encore Paris, première ville de congrès du monde), historique (les plages du débarquement en Normandie), religieux (pèlerinages de Lourdes ou Vézelay), gastronomique (Lyon, Sud-Ouest), balnéaire (Côté d'Azur), montagnard (Alpes du Nord), vert (Gorges du Verdon, Parcs naturels).

L'activité touristique peut être diffuse, tel le tourisme vert, mais elle marque souvent fortement l'espace, par les aménagements qu'elle entraîne. C'est le cas de la station balnéaire intégrée du Cap d'Agde sur la côte languedocienne. Le tourisme balnéaire de masse suppose en effet des voies d'accès (autoroute A9 La Languedocienne), des hébergements (hôtels, campings, marina de l'étang de Luno), des infrastructures de loisirs (ports de plaisance, parcs d'attractions, notamment sur l'île artificielle dite « île des Loisirs ») et de commerces (hypermarchés).

GAGNE DES POINTS
Développe un exemple d'espace touristique vu en cours (ici, la station balnéaire intégrée du Cap d'Agde).

Avec la mondialisation des pratiques touristiques, la pression sur les territoires devient très forte, engendrant des concurrences entre les acteurs (partage de l'eau ou concurrence hôtels/AirBnB, par exemple), voire dans certains cas extrêmes un refus du tourisme.

▶ 2.

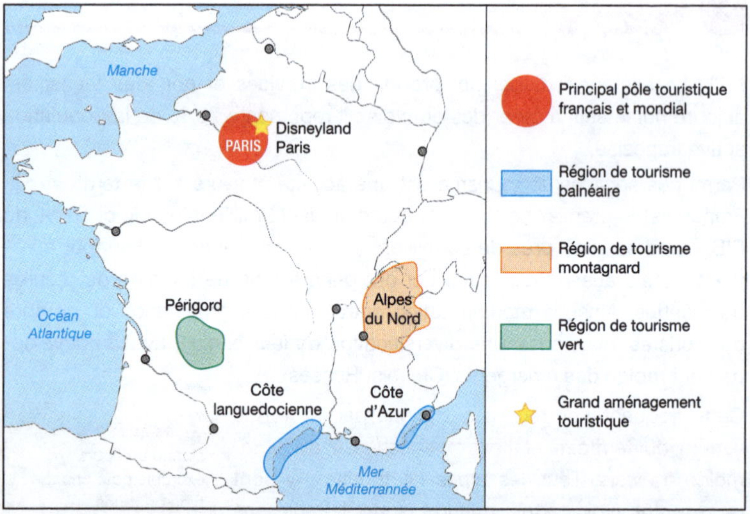

SUJET
35

Sujet inédit

MAÎTRISER LES DIFFÉRENTS LANGAGES • 20 points

Les bases du développement des espaces de faible densité

▶ **1.** Sous la forme d'un développement construit d'une vingtaine de lignes et en vous référant aux exemples étudiés en classe, expliquez sur quelles bases économiques peut s'appuyer le développement des espaces de faible densité.

▶ **2.** Observez la carte et trouvez le bon numéro pour chaque espace de faible densité mentionné sous la carte.

Les espaces de faible densité

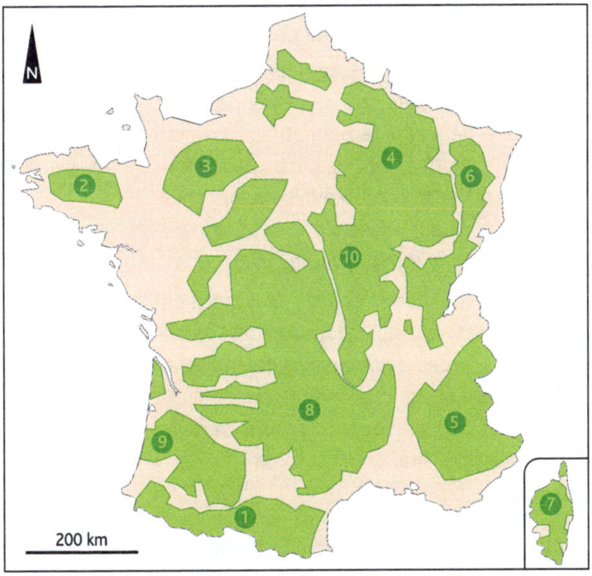

Intérieur breton =
Landes =
Intérieur normand =
Vosges =
Montagne corse =
Diagonale du vide (nord) =
Diagonale du vide (sud) =
Morvan =
Pyrénées =
Alpes du Sud =

GÉOGRAPHIE

LES CLÉS DU SUJET

▶ **1.** Réfléchis aux caractéristiques des espaces de faible densité : ce sont des espaces presque exclusivement ruraux, donc agricoles.
Quelles sont les nouvelles activités liées au développement durable ?
Développe les aspects liés aux aménités : as-tu déjà fait du « tourisme vert » ?

CORRIGÉ 35

▶ **1.** Le développement des espaces de faible densité, espaces ruraux par excellence, s'appuie tout d'abord sur l'agriculture. Dans l'est du Bassin parisien, des systèmes intégrés se sont développés, tournés vers l'exportation, avec des exploitations fortement modernisées grâce à la PAC. Plus récemment sont apparues de nouvelles pratiques, tournées vers des productions de qualité, qui vendent leurs produits sur des marchés de proximité.

Les espaces de faible densité profitent aussi de l'émergence des problématiques de développement durable. L'étendue de l'espace permet l'exploitation de la forêt ou le développement des énergies renouvelables (éolien et solaire photovoltaïque), gourmandes en surface au sol. L'espace rural est désormais perçu de façon beaucoup plus positive.

> **Conseil**
> Efforce-toi de citer quelques exemples localisés, afin de donner de la précision à ton propos.

Enfin, les espaces de faible densité apparaissent aussi comme des lieux récréatifs, fondés sur la valorisation de leurs ressources patrimoniales culturelles et naturelles, le tourisme vert. L'économie résidentielle profite du regain démographique qui touche certains espaces de la faible densité.

> **Conseil**
> N'oublie pas de montrer en quoi ces activités de production d'énergie tirent profit de la faible densité, donc de l'abondance de l'espace.

▶ **2.**

Intérieur breton = 2

Landes = 9

Intérieur normand = 3

Vosges = 6

Montagne corse = 7

Diagonale du vide (nord) = 4

Diagonale du vide (sud) = 8

Morvan = 10

Pyrénées = 1

Alpes du Sud = 5

SUJET

36

Amérique du Sud • Décembre 2017

MAÎTRISER LES DIFFÉRENTS LANGAGES • 20 points

Difficultés et atouts des espaces de faible densité

▶ **1.** Rédigez un texte structuré d'une vingtaine de lignes décrivant les difficultés et les atouts des espaces de faible densité en France (espaces ruraux OU montagnes OU secteurs touristiques peu urbanisés).

▶ **2.** Vous compléterez la légende de la carte ci-dessous en plaçant à l'endroit qui convient chacune des trois expressions suivantes : « densités fortes », « densités moyennes » et « densités faibles ».

Les densités de population

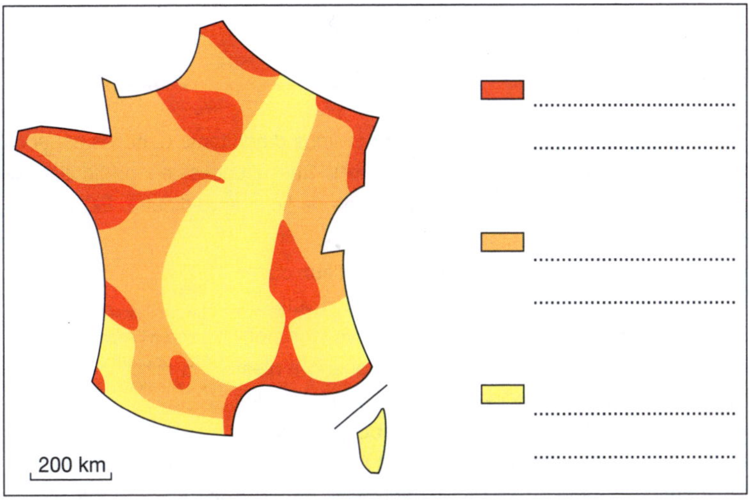

LES CLÉS DU SUJET

▶ **1.** Tu peux suivre l'énoncé du sujet en organisant ton développement en deux parties, avec d'abord les difficultés, puis les atouts des espaces de faible densité.

• Pour rendre ton texte plus percutant, tu peux aussi choisir de décomposer ton analyse en thèmes. Montre alors dans chaque partie les difficultés et les atouts de ces espaces :
– tout d'abord, la démographie : quelles sont ses évolutions récentes ?
– ensuite, la société : est-elle dépendante ?
– enfin, l'économie : est-elle en difficulté ?

• Tu as dû étudier en classe un exemple d'espace de faible densité qui entre dans une des catégories indiquées par le sujet : espaces ruraux, montagnes ou secteurs touristiques peu urbanisés. Utilise-le pour illustrer tes idées. Le corrigé traite ici des espaces ruraux.

CORRIGÉ 36

▶ **1.** La France compte près de quatre millions d'habitants dans les espaces de faible densité (moins de 30 hab/km^2). Ces espaces, en particulier les espaces ruraux, renvoient souvent l'image de lieux en difficulté. Est-ce toujours le cas ?

• Les espaces de faible densité sont des lieux où les hommes sont rares, plus rares qu'ailleurs. Toutefois, depuis une trentaine d'années, on observe un renouveau migratoire du rural isolé, surtout quand il n'est pas trop éloigné d'un pôle urbain : c'est le cas des campagnes du Sud-Ouest aquitain, à bonne distance de Toulouse. Les espaces ruraux sont redevenus attractifs pour des populations qui rejettent le mode de vie périurbain, on parle de rurbanisation.

> INFO +
> Le rural isolé correspond à l'espace rural non soumis à l'influence d'une aire urbaine.

• Les sociétés des espaces ruraux représentent certes un coût. Les équipements publics ne sont pas toujours rentables : dans l'Yonne, département rural de la diagonale du vide, la plupart des maternités ont ainsi fermé. La population, plus âgée que la moyenne nationale, dépend davantage des retraites ou pensions. Mais la reprise démographique produit des sociétés plus dynamiques : anciens habitants demeurés sur place, migrants partis puis revenus, néoruraux…

• L'agriculture est l'activité traditionnelle sur laquelle s'appuie l'économie des espaces ruraux. Si les pratiques anciennes, tel l'élevage extensif, sont en voie de disparition, des systèmes agricoles intégrés se sont souvent développés, tournés vers l'exportation : la Champagne non viticole est ainsi devenue une zone de production céréalière et betteravière de premier plan. Avec l'émergence du développement durable, l'espace rural est perçu de façon plus positive qu'avant. Les espaces de faible densité sont enfin le théâtre privilégié du tourisme vert.

Loin d'être systématiquement en difficulté, les espaces ruraux présentent de sérieux atouts dans la France du XXIe siècle.

> CONSEIL
> Pour conclure, fais le bilan des difficultés et atouts des espaces ruraux.

▶ 2.

Les densités de la population

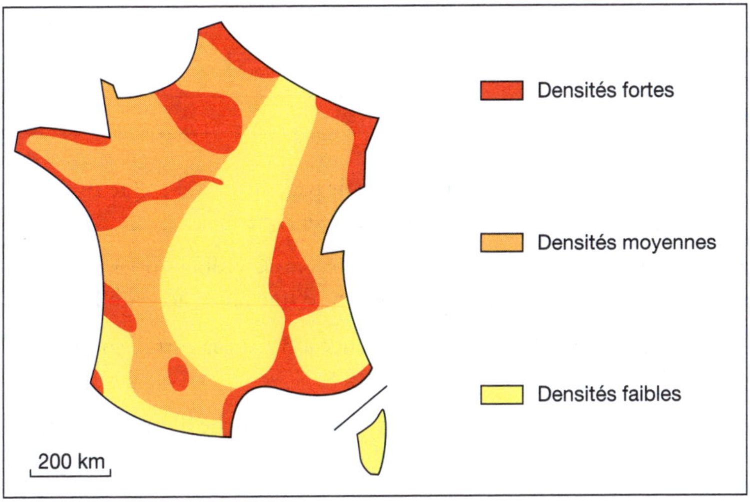

SUJET
37
Sujet inédit
ANALYSER UN DOCUMENT • 20 points

Les espaces de faible densité

▶ **1.** Observez la carte du document 1 (voir page suivante) et complétez le tableau suivant en indiquant pour chaque lettre le nom de l'espace correspondant.

A	
B	
C	
D	
E	
F	

▶ **2.** Que représente le document 2 (voir page suivante) ? Que signifie, pour une commune, être en blanc sur cette carte ?

▶ **3.** Montrez, en utilisant au moins un exemple visible sur les cartes, que les espaces de faible densité souffrent d'une faible accessibilité.

▶ **4.** Analysez le contre-exemple référencé « B » sur la carte : comment pouvez-vous expliquer son accessibilité ?

▶ **5.** Expliquez pourquoi il ne suffit pas d'être proche d'une autoroute pour bénéficier d'une bonne accessibilité. Comment s'appelle cet effet géographique ?

DOCUMENT 1 **La France des faibles densités démographiques**

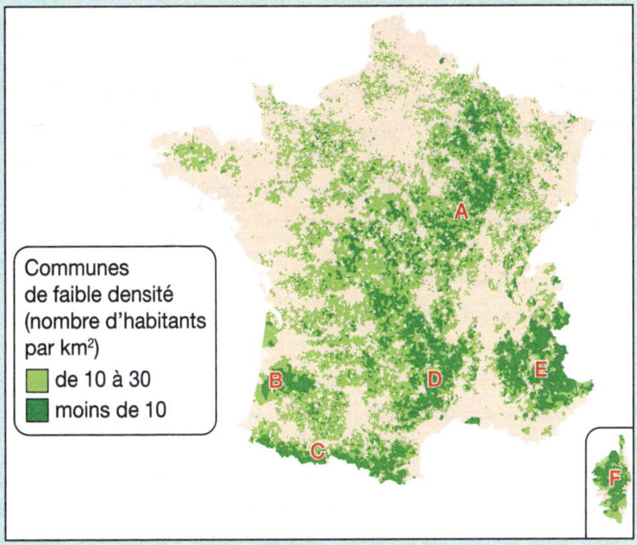

DOCUMENT 2 **L'accessibilité des territoires par autoroute (2000-2004-2009)**

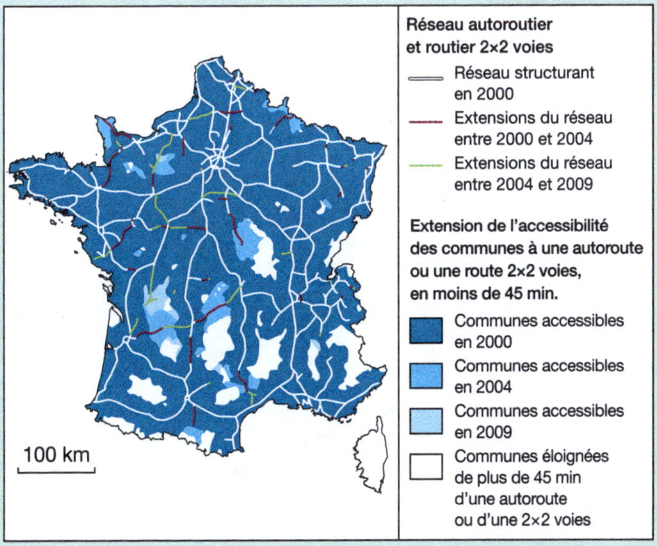

LES CLÉS DU SUJET

Comprendre les documents

• La carte du document 1 représente les communes françaises de faible densité (moins de 30 hab./km²) et celles désertifiées (moins de 10 hab./km²).

• La carte du document 2 représente les autoroutes existantes en France en 2000, celles construites entre 2000 et 2004, puis celles construites entre 2004 et 2009. En fonction des extensions du réseau autoroutier, l'accessibilité du territoire français s'améliore.

Répondre aux questions

▶ **1.** Donne des noms géographiques (ex. : Alpes du Sud) plutôt qu'administratifs (ex. : région PACA).

▶ **3.** Repère les zones de faible densité (carte 1) et montre leur faible accessibilité (carte 2). Trace quelques traits à la règle en prenant des points de repères, cela facilitera ton analyse.

▶ **4.** La zone B est traversée par une autoroute. Quels facteurs peuvent l'expliquer ? Cette autoroute sert-elle à desservir les Landes uniquement ?

▶ **5.** Mets-toi à la place d'un automobiliste : peut-il entrer sur l'autoroute en n'importe quel point ?

CORRIGÉ 37

▶ **1.**

A	Morvan
B	Forêt des Landes
C	Pyrénées
D	Sud du Massif central (Cévennes)
E	Alpes du Sud
F	Corse de l'intérieur

▶ **2.** Le document 2 est une carte représentant l'amélioration de l'accessibilité des territoires français par l'extension progressive du réseau autoroutier entre 2000, 2004 et 2009. Les communes en blanc sont celles dont l'accessibilité demeure faible : elles sont à plus de 45 minutes d'un échangeur autoroutier.

▶ **3.** La région D, qui est celle du sud du Massif central, et plus précisément des Cévennes, reste en blanc sur la carte 2 : les autoroutes contournent la région mais ne la desservent pas. Véritablement enclavée, à l'écart des réseaux à hautes performances, la région des Cévennes souffre donc d'une faible accessibilité.

Conseil
Dans une démonstration, même très courte, il faut conclure en reprenant les termes de la question.

▶ **4.** La région de la forêt des Landes (B), malgré sa faible densité, est traversée par une autoroute : située entièrement à moins de 45 minutes d'un échangeur, elle bénéficie donc d'une bonne accessibilité. Cela peut s'expliquer par le fait que l'autoroute qui traverse les Landes relie en fait les zones denses de la région bordelaise et du Pays Basque. La bonne accessibilité des Landes est une conséquence de sa position géographique.

▶ **5.** Il ne suffit pas d'être proche d'une autoroute pour bénéficier d'une bonne accessibilité. Les autoroutes ne sont en effet accessibles que par des points d'accès appelés échangeurs. Cet effet géographique selon lequel ce n'est pas la proximité du réseau mais la connexion à ce réseau qui fait l'accessibilité s'appelle l'effet-tunnel.

SUJET

38

Asie • Juin 2017

ANALYSER DES DOCUMENTS • 20 points

La fin du désert français : l'exemple de Nâves

DOCUMENT 1 **La fin du désert français : l'exemple de la commune de Nâves dans les Alpes**

Pas moins de dix-huit virages en épingle séparent la commune de Nâves du reste de la vallée et de ses villes [...] Il y a un siècle, ils étaient 650 habitants à vivre ici de l'élevage et de l'agriculture. Aujourd'hui, ils ne sont que 123. Mais pour la première fois depuis cent ans la tendance s'inverse [...].

Après des décennies de déclin, les villages français reprennent du poil de la bête[1], y compris dans d'obscures régions peu fréquentées par les touristes. En France, les zones rurales les plus reculées perdaient encore 6 400 habitants par an entre 1982 et 1990. Entre 1999 et 2007, ces mêmes régions ont vu leur population augmenter de 59 800 personnes chaque année.

Ce renversement de tendance tient à la fois à des politiques publiques et à des aspirations différentes chez les Français. La France dispose d'un solide réseau de transports et de services publics qui facilite la vie dans les villages. Aujourd'hui encore, le bus scolaire monte chaque matin à Nâves depuis la vallée pour seulement huit élèves d'école primaire. L'appel de la nature résonne aux oreilles d'anciens citadins et les néoruraux n'hésitent plus à s'installer en rase campagne maintenant que l'accès à Internet leur permet de satisfaire leur envie de solitude sans être totalement déconnectés. [...] « Les nouvelles technologies redonnent un avenir aux petits villages », confirme Jacques Delorme, qui gère une entreprise de haute technologie depuis Nâves.

Tout le problème consiste maintenant à transformer ce fragile sursaut en tendance durable. Nâves ne se trouve qu'à 42 kilomètres de la très glamour[2] station [de ski] de Courchevel, mais aucun touriste ne s'aventure de ce côté-là de la vallée. Les services sont eux aussi réduits ; pas de bus, pas de médecins, pas d'école, pas de boutiques, pas de cafés.

The Economist, « Les citadins repeuplent les villages de campagne »
© *Courrier international*, hebdo n° 1306 du 12 novembre 2015.

1. Reprennent du poil de la bête : retrouvent un dynamisme.
2. Glamour : fréquentée par des célébrités.

DOCUMENT 2 **La variété des campagnes françaises**

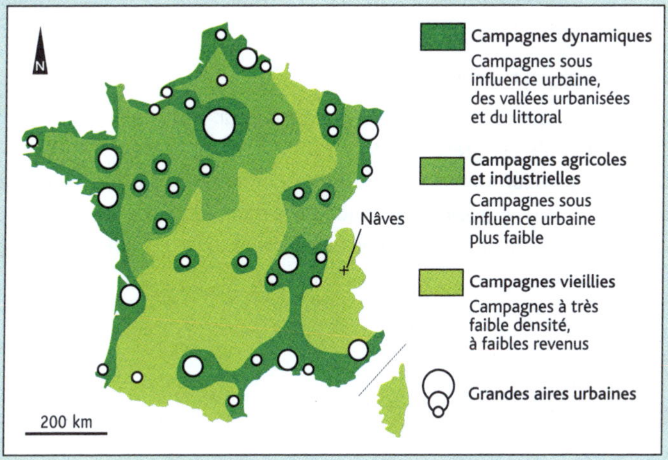

D'après DATAR, « Typologie des campagnes françaises et des espaces à enjeux spécifiques », 2011.

▶ **1.** Relevez, dans le premier paragraphe du document 1, une information montrant que la commune de Nâves a appartenu à ce que les géographes ont appelé un « désert français ». *(3 points)*

▶ **2.** Pourquoi, d'après ce document, des personnes « repeuplent peu à peu » la commune de Nâves ? *(4 points)*

▶ **3.** Pourquoi le document 1 parle-t-il d'un « fragile sursaut » pour désigner l'évolution de la commune de Nâves ? *(4 points)*

▶ **4.** À l'aide des deux documents, classez la commune de Nâves dans un type de campagnes. *(3 points)*

GÉOGRAPHIE

▶ **5.** À partir d'exemples précis tirés des deux documents et de vos connaissances, montrez que la commune de Nâves n'est pas représentative de toutes les campagnes françaises. *(6 points)*

LES CLÉS DU SUJET

■ Comprendre les documents

• Le **document 1** est un article publié dans *Courrier international* en 2015. Il évoque la commune de Nâves, dans les Alpes. Typique des espaces ruraux de faible densité, mais proche d'agglomérations importantes, Nâves semble connaître un « fragile sursaut ».

• Le **document 2** est une carte provenant de la DATAR. Elle définit trois types de campagnes françaises.

■ Répondre aux questions

▶ **2.** et **3.** Ces questions comptent chacune pour 4 points : développe tes réponses afin d'en engranger la totalité.

▶ **5.** Cette question appelle une réponse construite. Tu peux repartir des trois catégories proposées en légende de la carte (document 2) pour expliquer en quoi Nâves se distingue ou se rapproche de chacune d'elles.

CORRIGÉ 38

▶ **1.** Passant de 650 à 123 habitants, Nâves a perdu plus de 80 % de sa population en un siècle. L'exode rural en a fait « un désert français ».

> CONSEIL
> Calcule le pourcentage de baisse de la population, pour donner du sens aux chiffres.

▶ **2.** Nâves se repeuple peu à peu en raison de « politiques publiques » et d'« aspirations différentes ». Certains services publics, comme le ramassage scolaire, ont été maintenus dans le village. Les « néoruraux », ces anciens citadins qui ont fui la ville, répondent à l'« appel de la nature » en venant s'installer à la campagne, à présent qu'une connexion Internet permet d'en pallier l'isolement. C'est souvent le cas lorsque la région n'est pas en « rural profond », trop éloigné des villes.

▶ **3.** L'évolution démographique de la commune de Nâves témoigne d'un sursaut : « la tendance s'inverse ». Mais c'est « la première fois depuis cent ans », et l'on manque de recul pour en vérifier le caractère durable. D'autant que les grandes stations de sports d'hiver sont de l'autre côté de la vallée, aspirant des touristes dont « aucun ne s'aventure de ce côté-là ». Les services présents à Nâves sont trop restreints pour cela.

▶ **4.** Selon la carte, Nâves appartient au type de « campagnes vieillies ». Toutefois, le « sursaut » dont fait état le document 1 montre que la commune n'est peut-être pas si éloignée que cela des « campagnes sous influence urbaine ».

▶ **5.** Nâves fait partie de ces campagnes vieillies rendues exsangues par l'exode rural, et dans lesquelles les activités traditionnelles ont périclité (comme dans le Massif central). Récemment, toutefois, la proximité des grandes stations de ski et petites villes dynamiques de la Tarentaise a permis un certain renouveau.

• Mais Nâves n'est pas encore du même type que les campagnes les plus dynamiques, sous influence urbaine (couloir rhodanien, littoral méditerranéen, région parisienne), surtout localisées dans les régions attractives de l'Ouest et du Sud.

• La présence des Alpes ne rapproche pas non plus Nâves des campagnes agricoles et industrielles (Champagne, Picardie). Cela fait bien longtemps que l'agriculture de montagne, par exemple, a périclité.

Les campagnes présentent des types différents. Nâves n'est donc pas représentative de l'ensemble des campagnes françaises.

INFO +
L'agriculture de montagne se prête mal, en effet, à la mécanisation.

GÉOGRAPHIE

SUJET

39

D'après Liban • Juin 2013

ANALYSER UN DOCUMENT • 20 points

L'ouverture d'une antenne du musée du Louvre à Lens

DOCUMENT **Inauguration d'une antenne du musée du Louvre à Lens (Nord-Pas-de-Calais)**

Le 12 décembre 2012, le musée du Louvre, basé au cœur de Paris, un des plus grands musées du monde qui possède de grands chefs-d'œuvre, a inauguré une antenne[1] dans la région Nord-Pas-de-Calais. Cette région est marquée par la désindustrialisation.

[…] Henri Loyrette (directeur du musée du Louvre) témoigne de ce que « tout le monde s'est accordé sur un choix […] qui s'imposait comme le plus juste. Ce qui est très frappant à Lens, c'est que l'on voit une ville qui a souffert de toutes les crises et de toutes les guerres. Elle a été presque complètement rasée durant celle de 1914. Le terrain porte lui-même les stigmates de la Première Guerre mondiale. Mais c'est aussi un paysage marqué par l'industrie et la mine, avec les deux plus grands terrils[2] d'Europe. »

Et la ville a d'autres atouts : sa situation d'abord, au centre du bassin minier, mais aussi proche de la Belgique, du sud de l'Angleterre, et desservie depuis Paris par TGV. Compte aussi pour Henri Loyrette l'absence d'autre institution culturelle alors que les autres villes ont déjà des musées.

Tous ont en tête « l'effet Bilbao », une région entière [au nord de l'Espagne] aux industries déclinantes sauvée par l'implantation d'une antenne du musée Guggenheim. […] Cela suffira-t-il pour que le miracle espagnol se reproduise à Lens ? Sur les seules trois premières années de son existence, le Guggenheim Bilbao avait généré entre 5 000 et 9 000 créations d'emplois directs ou indirects, selon les sources, et 600 millions d'euros injectés dans l'économie locale. Deux ingrédients sont réunis à Lens : un bâtiment d'exception, et des collections parmi les plus importantes au monde. Le tout pour un budget de 150 millions d'euros pour le musée, et 15 millions annuels pour son fonctionnement.

Or un musée seul ne suffit pas, s'il n'est accompagné des infrastructures, hôtelières notamment, qui feraient réellement profiter la région des retombées qu'il peut engendrer. À titre de comparaison, en dehors du Guggenheim, les autorités basques ont investi 735 millions d'euros dans l'aventure de Bilbao.

Harry Bellet, « Louvre-Lens : drôle d'endroit pour une révolution », *Le Monde*, 29 novembre 2012.

1. Antenne : annexe, succursale.
2. Terril : colline artificielle formée par les déchets issus de l'exploitation des mines.

▶ **1.** Quel est l'objectif, en termes d'aménagement du territoire, de l'installation d'une antenne du musée du Louvre à Lens ?

▶ **2.** Quels atouts la région Nord-Pas-de-Calais a-t-elle fait valoir pour obtenir l'installation d'une antenne du musée du Louvre ?

▶ **3.** Quel doute le journaliste émet-il sur la réussite du projet ?

▶ **4.** D'après vos connaissances, quel autre type d'aménagement peut permettre à la région Nord-Pas-de-Calais de compenser les effets négatifs de la désindustrialisation ?

GÉOGRAPHIE

LES CLÉS DU SUJET

Comprendre le document

Le document est un extrait d'un article paru dans le journal *Le Monde*, le 29 novembre 2012. Tu ne connais pas la région de Lens ? Moins encore « l'effet Bilbao » ? Pas de panique : presque tout ce que tu as besoin de savoir est dans le texte. En tête de l'article, on t'explique que Lens se situe dans la région Nord-Pas-de-Calais, une région « marquée par la désindustrialisation ». Cela devrait commencer à t'ouvrir des pistes, à te rappeler des thèmes vus en cours…

Répondre aux questions

▶ **1.** Qu'est-ce que l'aménagement du territoire ? Dans quelle mesure la région de Lens a-t-elle besoin d'une action volontariste d'aménagement ? À quel ensemble économique appartient-elle ?

▶ **2.** Recherche les atouts : le mot-clé est présent dans le texte. N'hésite pas à montrer à quel point la région a été cruellement éprouvée dans le passé et « s'impose » comme le choix « le plus juste ».

▶ **3.** Relis le dernier paragraphe : tout est-il prêt pour la réussite du projet ? Lens peut-elle être comparée à Bilbao, en tout cas pour le moment ?
▶ **4.** Rappelle-toi ce que tu as étudié dans la première partie du programme : la France est exposée à la mondialisation, ce qui peut aussi se traduire par des investissements directs étrangers.

CORRIGÉ 39

▶ **1.** L'aménagement du territoire consiste à favoriser, par divers moyens incitatifs ou réglementaires, le développement d'une partie du territoire. La région de Lens appartient au Nord-Pas-de-Calais, une région minière, pionnière lors de la première révolution industrielle, notamment en raison de son bassin charbonnier et de ses industries textiles, mais en crise depuis les années 1960. Un chômage massif y sévit. L'objectif de l'installation, à Lens, d'une antenne du musée du Louvre, est de trouver de nouveaux relais de croissance – ici dans le domaine culturel – capables de générer de l'emploi dans une région sinistrée à cet égard. C'est d'autant plus précieux que la culture a de nombreux effets induits fortement positifs, notamment sur la consommation locale.

▶ **2.** Parmi les atouts de Lens figurent d'abord sa situation au cœur du bassin minier, une position centrale qui favorise le rayonnement ; son caractère frontalier, sa proximité avec la Belgique et le Royaume-Uni ; son accessibilité, notamment *via* le TGV Paris-Londres-Bruxelles (Eurostar et Thalys). Enfin, il est aussi question de justice géographique : Lens ne bénéficie d'aucun autre équipement culturel de cette dimension et la ville a été maltraitée autant par la crise économique que par la Première Guerre mondiale, pendant laquelle elle fut occupée et rasée.

▶ **3.** Le journaliste émet pourtant certains doutes sur le sujet, doutes que rappelle le titre de l'article : « Louvre-Lens : drôle d'endroit pour une révolution ». L'analyse de l'exemple de Bilbao, apparemment comparable à Lens, montre que l'investissement local doit être soutenu, pour créer les infrastructures hôtelières manquantes et, par exemple, investir en termes d'image.

▶ **4.** Dans cette région durement éprouvée par la désindustrialisation, l'État a tenté de favoriser les investissements étrangers. L'installation de l'usine Toyota à Valenciennes ou, dans la région voisine de Lorraine, celle de l'usine Smart de Hambach, font partie de ces créations de sites industriels à capitaux étrangers. Elles permettent d'atténuer les effets négatifs du déclin des anciennes régions industrielles françaises, notamment des taux de chômage très supérieurs à la moyenne nationale.

SUJET 40

Sujet inédit

MAÎTRISER LES DIFFÉRENTS LANGAGES • 20 points

Les inégalités entre territoires français

▶ **1.** Sous la forme d'un développement construit d'une vingtaine de lignes et en vous appuyant sur les exemples étudiés en classe, vous décrirez les types d'inégalités qui affectent le territoire français.

▶ **2.** Replacez chaque terme de la liste ci-dessous à la place qui lui convient dans la légende de la carte.

Dynamiques du territoire français

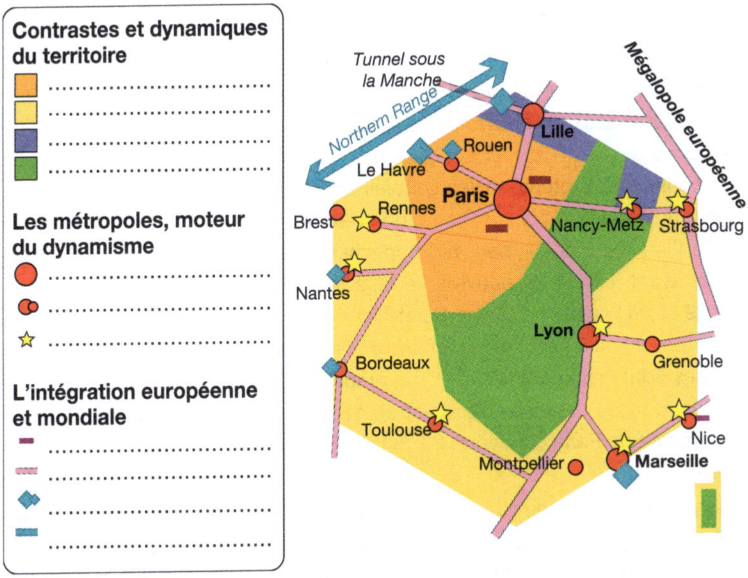

- Espace de faible densité
- Région industrielle en reconversion
- Périphérie dynamique
- Hub aéroportuaire mondial et régional
- Technopôle, centre d'innovation
- Le cœur du territoire
- Axe majeur à grande vitesse
- Principaux ports
- Métropole régionale
- Métropole mondiale
- Voie maritime mondiale

LES CLÉS DU SUJET

▶ **1.** Pour traiter comme il faut cette partie du programme, il faut décrire correctement les « inégalités croissantes entre territoires français ». Le plus simple est de consacrer une partie à chaque catégorie d'inégalités, sans oublier les inégalités spatiales (car c'est une épreuve de géographie !).
Dans chaque partie, tu dois absolument penser aux différentes échelles d'analyse : à l'échelle nationale, tu peux comparer les régions entre elles ; à l'échelle départementale, ce sont les départements ; à des échelles plus fines, comme l'échelle communale ou infra-communale, tu peux, par exemple, examiner les inégalités entre les différentes parties d'une aire urbaine.

CORRIGÉ 40

▶ **1.** Si on mesure les inégalités sociales entre les territoires par le taux de pauvreté, de premières disparités apparaissent à l'échelle régionale : les régions méridionales et septentrionales sont les plus défavorisées. À l'échelle départementale, une même région – telle l'Île-de-France – peut regrouper les départements ayant le taux de pauvreté le plus faible (Yvelines, 9 %) et le plus fort (Seine-Saint-Denis, 27 %) du pays. Mais c'est à l'échelle communale et infra-communale que les inégalités sociales sont les plus grandes. Les communes qui comptent le plus de personnes pauvres sont les villes-centres des grandes aires urbaines. La seule aire urbaine de Paris concentre 20 % des Français vivant en dessous du seuil de pauvreté.

Conseil
Chaque partie doit, de préférence, commencer par une phrase indiquant l'idée principale que tu vas développer : inégalités sociales, économiques, spatiales.

Les inégalités entre territoires sont aussi des inégalités économiques, mesurables par l'emploi, notamment celui des cadres qui représente les deux tiers de la croissance de l'emploi. Les régions qui connaissent la plus forte croissance de ces cadres sont les régions dynamiques : atlantiques, méridionales, alpines, et l'Île-de-France. À l'inverse, les régions les moins dynamiques sont la Lorraine et les régions de la « diagonale du vide ». À une autre échelle, la croissance du nombre de cadres profite aux capitales régionales beaucoup plus qu'aux villes petites et moyennes.

Les inégalités entre territoires sont enfin des inégalités spatiales. Elles se mesurent dans l'accès des populations aux services, notamment ceux de la vie courante (supermarché, école, établissement de soins). Là encore, les inégalités sont croissantes et mesurables à toutes les échelles. Dans les régions très urbanisées (Île-de-France, PACA), la quasi-totalité des habitants accède aux services en moins de sept minutes. Mais c'est le cas pour moins de la moitié de la population en Corse. Les différences sont plus importantes encore entre les grands espaces urbanisés, notamment les métropoles, et le reste du territoire, un phénomène qu'aggravent les contraintes de relief (Pyrénées, Alpes du Sud).

▶ **2.**

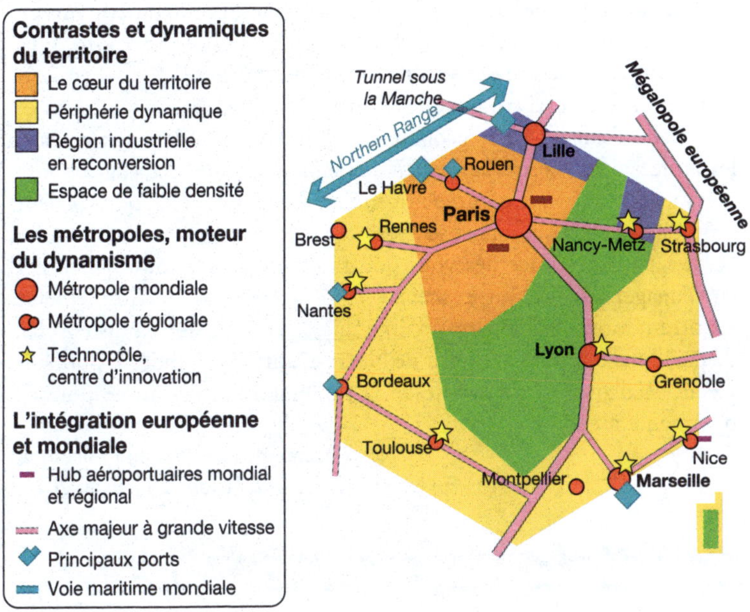

SUJET

41

Polynésie française • Septembre 2017

ANALYSER DES DOCUMENTS • 20 points

L'aménagement du Grand Ouest

DOCUMENT 1 **Le projet d'aéroport du Grand Ouest à Notre-Dame-des-Landes**

Aujourd'hui nul ne sait quand les travaux de cette infrastructure, destinée à remplacer l'actuel aéroport de Nantes, pourront être mis en œuvre. Les voix des opposants n'ont cessé de se faire entendre. Plus d'une centaine d'entre eux se sont même installés sur la zone d'aménagement différé (ZAD[1]), rebaptisée « zone à défendre ».

Cécile Rialland-Juin, géographe à l'université d'Angers : « Dans les années 1960, cette zone était faiblement peuplée et l'agriculture n'était pas considérée comme prioritaire. Toutes les conditions étaient réunies pour que l'aéroport se fasse. »

Les paysans concernés vont pourtant s'organiser contre le projet et s'engager dans les luttes sociales et la défense de l'environnement. « Entre-temps, l'étalement urbain a fait son œuvre et de plus en plus de pavillons ont poussé autour de Notre-Dame-des-Landes », poursuit Cécile Rialland. Cette hausse de la population riveraine ne pouvait que mener au conflit.

« Notre-Dame-des-Landes, du projet local à l'enjeu national », *La Croix*, 28 janvier 2016.

1. ZAD (Zone d'aménagement différé) : zone mise en réserve afin d'être aménagée.

DOCUMENT 2 **Aménager l'Ouest français**

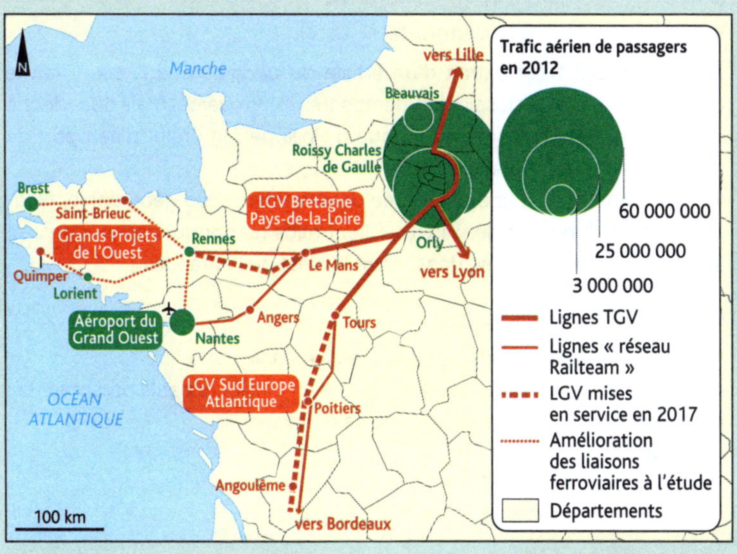

D'après rapport UAF 2012, RFF 2012 et http://geoconfluences.ens-lyon.fr.

▶ **1.** Quelle « infrastructure » est évoquée dans la première ligne du texte ? *(2 points)*

▶ **2.** En vous aidant de la carte, localisez ce projet d'infrastructure. *(2 points)*

▶ **3.** Quels aménagements sont réalisés dans l'ouest de la France ? Deux réponses attendues. *(4 points)*

▶ **4.** Pourquoi ce projet d'infrastructure permettrait-il d'équilibrer le trafic aérien de passagers en France ? *(4 points)*

▶ **5.** Expliquez les difficultés rencontrées par le projet en identifiant les opposants et leurs motivations. *(8 points)*

LES CLÉS DU SUJET

Comprendre les documents

• Le **document 1** est extrait d'un article du quotidien *La Croix*. Il fait le point en 2016 sur un dossier longtemps très controversé, mais abandonné depuis par le gouvernement d'Édouard Philippe : le projet d'aéroport de Notre-Dame-des-Landes.

• Le **document 2** est une carte tirée du site Internet de géographie, Géoconfluences. Il permet de visualiser les trafics aéroportuaires existants et les lignes à grande vitesse desservant l'Ouest de la France.

Répondre aux questions

▶ **4.** Analyse le déséquilibre du trafic aérien sur la carte.

▶ **5.** Développe ta réponse en l'organisant en plusieurs petits paragraphes, sans te limiter aux opposants et à leurs motivations.

CORRIGÉ 41

▶ **1.** L'infrastructure projetée est celle de l'aéroport international du Grand Ouest, situé à Notre-Dame-des-Landes, destiné à remplacer l'actuel aéroport de Nantes.

▶ **2.** Cet aéroport devait être construit sur la commune de Notre-Dame-des-Landes, à 25 km au nord-ouest de la métropole de Nantes, capitale de la région Pays de la Loire.

▶ **3.** Deux aménagements sont réalisés dans l'Ouest français : il s'agit du prolongement, achevé en 2017 depuis Tours et Le Mans, de deux lignes à grande vitesse (LGV). La LGV Sud Europe Atlantique relie Paris à Bordeaux en deux heures, et la LGV Bretagne Pays de la Loire met Rennes à une heure et demie de Paris. Ces deux aménagements permettent d'améliorer l'intégration du Grand Ouest au territoire français en général, et à la région parisienne en particulier.

▶ **4.** Le projet d'aéroport du Grand Ouest partait du constat que l'actuel aéroport de Nantes est saturé. Or, le trafic aérien de passagers du Grand Ouest (Nantes, Rennes, Brest) totalise moins de cinq millions de personnes par an, soit douze fois moins que

GAGNE DES POINTS
Utilise les données figurant sur la carte et donne-leur du sens en calculant un rapport.

le seul aéroport parisien de Roissy Charles-de-Gaulle : il y a donc sans doute des besoins en la matière ! On peut constater, toutefois, que l'aménagement d'un nouvel aéroport semble presque contradictoire avec la création de nouvelles LGV : sur de telles distances (moins de 500 km), le train est plus compétitif que l'avion. Reste le trafic international…

▶ **5.** Le projet de construction de l'aéroport international du Grand Ouest à Notre-Dame-des-Landes a été envisagé dès « les années 1960 ». Avec l'essor des régions littorales atlantiques, et Nantes en particulier, l'une des agglomérations les plus dynamiques de France, le développement d'infrastructures de transport modernes paraît aller de soi.

• Pourtant, cette dynamique positive, avec la poussée de la couronne périurbaine, a conduit de nombreux habitants à s'installer près de la zone d'aménagement différé de Notre-Dame-des-Landes. Ces personnes sont réticentes à l'idée de devenir riveraines d'un aéroport, avec les nuisances sonores que cela implique.

CONSEIL
Réinvestis des notions provenant d'autres parties du programme : ici, la couronne périurbaine.

• Par ailleurs, le succès des préoccupations écologiques dans la population se traduit aussi par le soutien aux agriculteurs locaux, peu désireux de céder des terres qui ont pris de la valeur avec la proximité des zones périurbaines. L'arrivée de militants écologistes et d'extrême-gauche, qui ont transformé la ZAD en « zone à défendre », permet de comprendre la radicalisation de l'opposition, le retard pris par le projet puis son abandon.

GAGNE DES POINTS
Étoffe le développement avec quelques connaissances tirées de l'actualité.

SUJET 42

France métropolitaine • Septembre 2017

ANALYSER DES DOCUMENTS • 20 points

Les territoires ultramarins français : l'exemple de la Réunion

DOCUMENT 1 **L'aménagement de l'île de la Réunion**

Depuis la départementalisation de 1946, la Réunion s'est profondément transformée. Sa population, qui a plus que triplé, atteint aujourd'hui 837 000 habitants, installés pour la plupart sur la bande littorale. Dans ce contexte de croissance démographique soutenue, d'urbanisation et de périurbanisation accélérées, l'espace insulaire demeure très fortement contraignant. Plusieurs grands chantiers, financés par l'État, la Région et l'Union européenne, visent à améliorer les déplacements à l'intérieur de l'île, question importante pour les pouvoirs publics réunionnais. L'essor de la mobilité des insulaires a abouti à de réelles menaces d'engorgement de l'axe littoral qui risquent de compromettre les efforts de développement. Deux projets gigantesques doivent améliorer la route du littoral (avec une nouvelle voie en partie souterraine). Ces grands travaux s'ajoutent à d'autres aménagements qui viennent tout juste d'être achevés. L'ouverture de la « route des tamarins » en 2009 à l'ouest du territoire a amélioré le trafic routier sur l'axe principal et favorise l'aménagement des espaces situés à mi-hauteur en forte croissance démographique. Dans le même temps, ces travaux constituent un moteur pour la croissance et l'emploi.

À côté de cette orientation récente, l'île s'est dotée en 2007 d'un nouvel outil s'inscrivant dans le droit fil du développement durable : le parc national de la Réunion, qui vise à favoriser une agriculture et une filière bois « de qualité » et le tourisme dans un territoire unique au monde qui a été inscrit en août 2010 au patrimoine mondial de l'Unesco.

D'après Yves Colombel, Daniel Oster (dir.), *La France, territoires et aménagement face à la mondialisation*, Nathan, 2014.

DOCUMENT 2 **L'île de la Réunion**

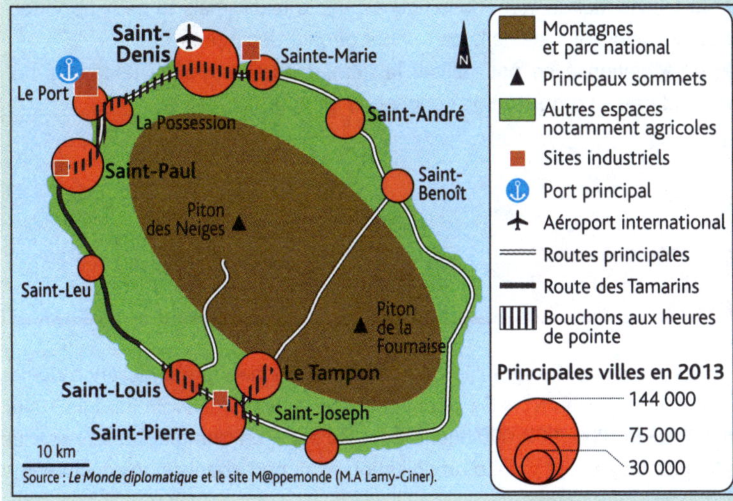

Source : *Le Monde diplomatique* et le site M@ppemonde (M.A Lamy-Giner).

▶ **1.** Dans le document 1, relevez deux informations qui montrent que l'île de la Réunion connaît une importante croissance démographique. *(4 points)*

▶ **2.** Identifiez, à partir des documents, les espaces qui concentrent les populations et les activités économiques. *(4 points)*

▶ **3.** Présentez, à l'aide des documents, une conséquence de cette concentration des hommes et des activités. *(5 points)*

▶ **4.** Quels aménagements sont envisagés pour répondre à cette situation ? *(4 points)*

▶ **5.** À l'aide du document 1, citez les trois acteurs qui financent les grands aménagements de l'île. *(3 points)*

LES CLÉS DU SUJET

■ Comprendre les documents

- Le **document 1** évoque des thèmes spécifiques à l'Outre-mer (exiguïté spatiale, croissance démographique) et d'autres communs à la métropole (périurbanisation, mobilités).
- Le **document 2** permet de visualiser ce qu'évoque le texte.

GÉOGRAPHIE

Répondre aux questions

▶ **2.** L'essentiel de la réponse figure dans le texte, mais tu peux apporter des précisions issues de la carte pour gagner des points.

▶ **4.** Attention à ne pas utiliser le dernier paragraphe du texte, qui ne répond pas au problème de congestion évoqué.

CORRIGÉ 42

▶ **1.** Le texte montre que l'île de la Réunion connaît une croissance démographique importante : « Sa population, qui a plus que triplé [depuis 1946], atteint aujourd'hui 837 000 habitants » ; c'est « un contexte de croissance démographique soutenue, d'urbanisation et de périurbanisation accélérées ».

▶ **2.** La plupart des habitants de la Réunion sont installés « sur la bande littorale ». L'espace littoral exigu concentre les agglomérations humaines, de Saint-Benoît à l'Est au Saint-Joseph au Sud. Le Sud-Est ne comprend pas de villes en raison du déversement des laves du Piton de la Fournaise.

▶ **3.** La carte montre bien que, du fait de la concentration littorale et des contraintes de relief, la circulation se fait en anneau le long du littoral : les migrations pendulaires génèrent des encombrements massifs aux heures de pointe, entraînant pollution et pertes de temps, notamment de Saint-Paul à Sainte-Marie et au Sud autour de Saint-Pierre.

▶ **4.** Pour répondre à cette situation problématique, les pouvoirs publics ont lancé de vastes projets d'aménagement. Ces grands travaux comprennent notamment la « route des Tamarins », entre Saint-Paul et Saint-Louis, qui semble avoir amélioré le trafic routier. Deux autres projets sont également prévus pour désengorger la route du littoral.

> INFO +
> Le chantier de la « Nouvelle Route du littoral » (NRL), vise à désengorger l'espace le plus fréquenté de l'île.

▶ **5.** Trois acteurs, à des échelles différentes, financent ces grands aménagements : l'État, la région (qui est en même temps un département d'outre-mer) et l'Union européenne. Celle-ci intervient au titre des fonds européens d'aide aux régions ultrapériphériques (RUP), dont fait partie la Réunion.

SUJET 43

Sujet zéro • Série professionnelle
ANALYSER DES DOCUMENTS • 20 points

Les travailleurs transfrontaliers

DOCUMENT 1 Les flux de travailleurs transfrontaliers

Les travailleurs transfrontaliers sont des personnes qui franchissent plusieurs fois par semaine la frontière pour rejoindre leur lieu de travail.

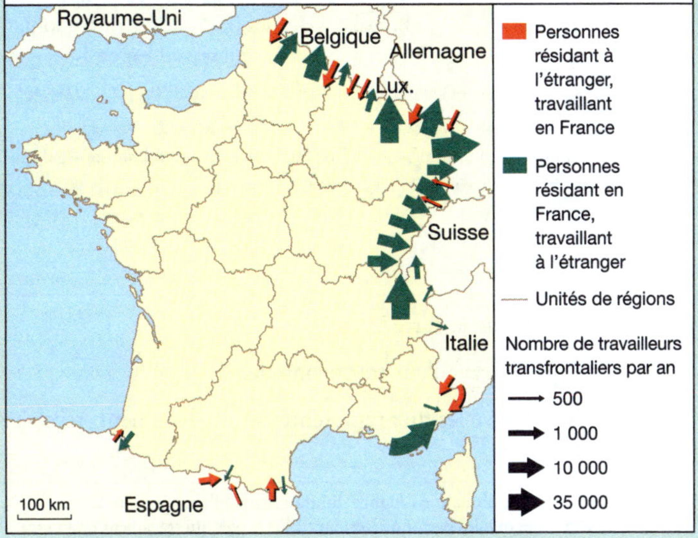

D'après « Cahiers de la Mission opérationnelle transfrontalière », *L'observation des territoires transfrontaliers, n° 9*, 15 mars 2014, p. 5.

GÉOGRAPHIE

DOCUMENT 2 **Charlotte, travailleuse transfrontalière**

Charlotte, 26 ans, [...] est intérimaire chez Popelier, une biscuiterie à Wervik (Belgique) depuis un an. « Il n'y a pas de travail là où j'habite, à La Gorgue (France). J'avais le choix entre faire 40 km pour aller travailler en France ou en Belgique ». C'est la fiche de paie qui a fait la différence. En France, Charlotte gagnait le Smic[1], en Belgique, son salaire avoisine les 1 600 euros, impôts déduits. « Aujourd'hui, je n'attends qu'une chose : être embauchée. » Charlotte est française, comme un employé sur deux dans l'entreprise. [...] Chez Popelier, la moyenne d'âge est de 28 ans. [...] Griet Popelier pensait que les Français allaient bouder ses offres. Or, les Français sont toujours aussi nombreux à candidater, que ce soit à l'emballage ou à la boulangerie.

E. Bartolic, « Sur les traces de ces métropolitains qui travaillent en Belgique », *La Voix du Nord*, 28 février 2014.

1. Smic : salaire minimum interprofessionnel de croissance, salaire minimum légal que le salarié doit percevoir en France, environ 1 140 euros.

DOCUMENT 1

▶ **1.** Quel est le sujet de la carte ?

▶ **2.** Qu'est-ce qu'un travailleur transfrontalier ?

▶ **3.** Après avoir observé les flux représentés sur le document, recopiez la phrase qui convient :

Phrase 1	Les personnes résidant en France qui travaillent à l'étranger sont plus nombreuses que les personnes résidant à l'étranger qui travaillent en France.
Phrase 2	Il y a autant de personnes résidant en France qui travaillent à l'étranger que de personnes résidant à l'étranger qui travaillent en France.
Phrase 3	Les personnes résidant en France qui travaillent à l'étranger sont moins nombreuses que les personnes résidant à l'étranger qui travaillent en France.

DOCUMENT 2

▶ **4.** Identifiez la raison pour laquelle Charlotte a choisi de travailler en Belgique.

DOCUMENTS 1 ET 2

▶ **5.** À partir de ces documents ou de vos connaissances, complétez le tableau suivant :

Deux pays appartenant à l'Union européenne et qui ont une région transfrontalière commune	• .... • ....
Un avantage pour les personnes qui vivent dans une région transfrontalière	....

LES CLÉS DU SUJET

■ Comprendre les documents

• Le **document 1** est une carte qui représente les flux annuels de travailleurs transfrontaliers. Les flèches vertes indiquent les Français qui vont travailler à l'étranger, dans les pays frontaliers et les flèches rouges, les étrangers qui viennent travailler en France.

• Le **document 2** est extrait d'un article du quotidien *La Voix du Nord*. Une travailleuse transfrontalière, Charlotte, y témoigne de son quotidien.

■ Répondre aux questions

▶ **1.** Pour répondre, observe le titre de la carte. Tu peux développer en utilisant la légende.

▶ **2.** Va au plus rapide : la définition est donnée en haut de la carte.

▶ **3.** Il te faut estimer le nombre de travailleurs qui franchissent la frontière : les flèches vertes sont-elles plus nombreuses et plus grosses que les flèches rouges ?

▶ **5.** Tu peux reprendre l'exemple utilisé dans le document 2. Attention, le document 1 intègre la Suisse, mais celle-ci n'est pas membre de l'Union européenne : il faudra donc éviter de mentionner ce pays dans tes réponses.

GÉOGRAPHIE

CORRIGÉ 43

▶ **1.** La carte représente les flux annuels de travailleurs transfrontaliers entre la France et les pays voisins. Sont indiqués l'importance des flux (taille des flèches) et leur direction (leur sens et leur couleur). La date des données n'est pas indiquée, mais la carte a été publiée dans *L'observation des territoires transfrontaliers* n° 9 de 2014.

▶ **2.** Un travailleur transfrontalier, comme indiqué sur la carte, est « (une personne qui franchit) plusieurs fois par semaine la frontière pour rejoindre (son) lieu de travail. »

▶ **3.** « Les personnes résidant en France qui travaillent à l'étranger sont plus nombreuses que les personnes résidant à l'étranger qui travaillent en France. »

Gagne des points
Tu peux justifier : les flèches vertes sont de loin plus nombreuses et grosses que les flèches rouges.

▶ **4.** Charlotte a choisi d'aller travailler en Belgique parce qu'« il n'y a pas de travail » près de son lieu de résidence en France, et surtout le salaire est bien plus élevé en Belgique : 1 600 € impôts déduits contre le Smic, soit 1 140 € avant impôts en France.

Info +
En Belgique, l'impôt est prélevé à la source. Le salaire perçu en fin de mois est donc net d'impôt.

▶ **5.**

Deux pays appartenant à l'Union européenne et qui ont une région transfrontalière commune	La France et la Belgique
Un avantage pour les personnes qui vivent dans une région transfrontalière	Davantage d'emplois et des salaires plus élevés dans le pays frontalier

SUJET

44

Sujet inédit

MAÎTRISER LES DIFFÉRENTS LANGAGES • 20 points

L'intégration européenne, un potentiel de développement pour la France

▶ **1.** Sous la forme d'un développement construit d'une vingtaine de lignes et en vous appuyant sur les exemples étudiés en classe, vous expliquerez dans quelle mesure l'intégration européenne représente un potentiel de développement pour la France.

▶ **2.** Observez la carte suivante et complétez sa légende :
– il manque une date d'élargissement.
– quel est cet ensemble de pays entouré de jaune ?
Replacez sur la carte les capitales de l'Union européenne qui figurent dans la légende, en indiquant leurs numéros à la place qui convient.

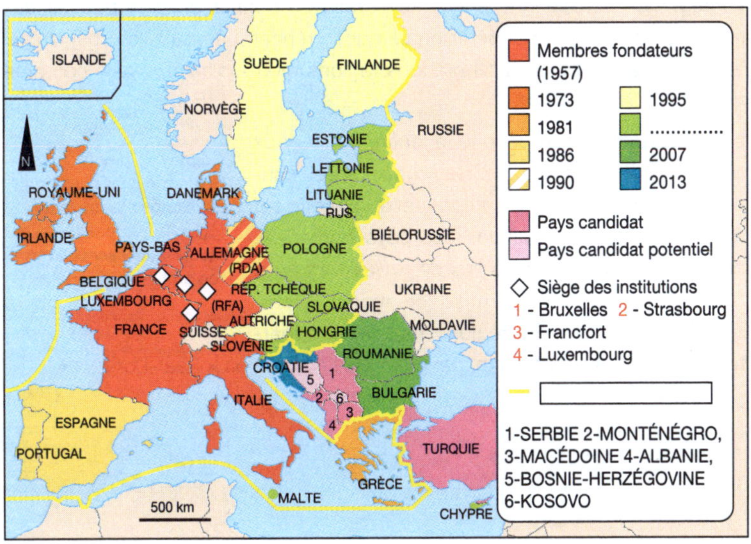

GÉOGRAPHIE

LES CLÉS DU SUJET

▶ **1.** Tu dois d'abord montrer comment l'économie française s'intègre, par les flux, à l'Europe. Tu peux ensuite montrer comment ont émergé de nouveaux acteurs en Europe, les régions. Enfin, un des effets les plus évidents de l'intégration européenne est le développement des régions frontalières françaises.

CORRIGÉ 44

▶ **1.** L'intégration de la France à l'Union européenne a tout d'abord été favorable à une intensification des flux : les deux tiers du commerce extérieur français se font avec des partenaires européens. 75 % du stock d'IDE investi en France le sont par des pays de l'UE. L'européanisation du réseau de transport français a accompagné cette intégration et optimisé la situation de carrefour français entre nord et sud de l'Union.

L'intégration européenne a ensuite permis de donner plus de pouvoir aux régions, qui peuvent coopérer ou se concurrencer. La nouvelle organisation territoriale a ainsi promu 13 grandes régions métropolitaines, plus compétitives.

La construction européenne a enfin donné aux régions frontalières françaises une place centrale : espaces de coopérations, elles bénéficient des économies dynamiques des pays frontaliers, comme en témoignent les flux de travailleurs frontaliers. En outre, l'UE a permis la création d'eurorégions, qui associent des régions frontalières appartenant à des pays différents, par exemple l'eurorégion « Saar-Lor-Lux ».

Gagne des points
Si tu as le temps, développe l'exemple de région frontalière que tu as étudié dans l'année avec ton professeur.

▶ 2.

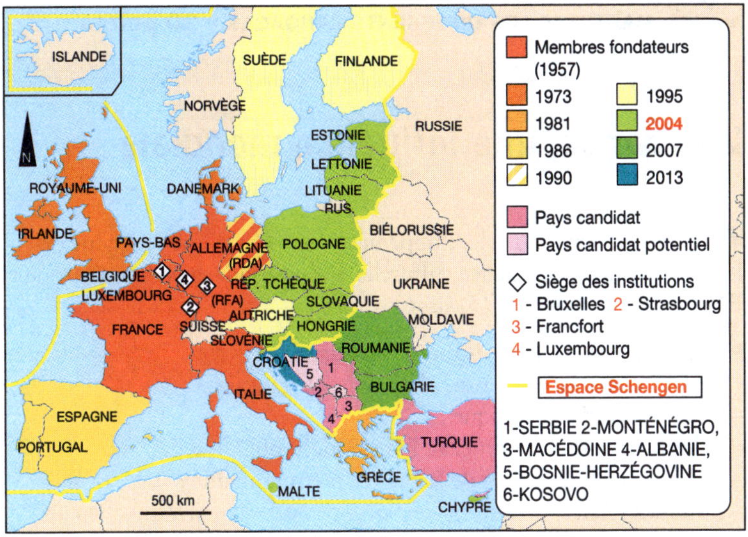
ISLANDE
SUÈDE
FINLANDE
NORVÈGE
RUSSIE
ESTONIE
LETTONIE
LITUANIE
RUS.
ROYAUME-UNI
DANEMARK
IRLANDE
PAYS-BAS
ALLEMAGNE
(RDA)
POLOGNE
BIÉLORUSSIE
BELGIQUE
LUXEMBOURG
(RFA)
RÉP. TCHÈQUE
SLOVAQUIE
UKRAINE
AUTRICHE
MOLDAVIE
FRANCE
SUISSE
HONGRIE
SLOVÉNIE
ROUMANIE
CROATIE
ITALIE
BULGARIE
ESPAGNE
PORTUGAL
TURQUIE
GRÈCE
MALTE
CHYPRE
500 km
Membres fondateurs (1957)
1973
1981
1986
1990
1995
2004
2007
2013
Pays candidat
Pays candidat potentiel
Siège des institutions
1 - Bruxelles 2 - Strasbourg
3 - Francfort
4 - Luxembourg
Espace Schengen
1-SERBIE 2-MONTÉNÉGRO,
3-MACÉDOINE 4-ALBANIE,
5-BOSNIE-HERZÉGOVINE
6-KOSOVO

GÉOGRAPHIE

SUJET 45

Polynésie française • Juin 2017

MAÎTRISER LES DIFFÉRENTS LANGAGES • 20 points

La France, une influence mondiale

▶ **1.** Sous la forme d'un développement construit d'une vingtaine de lignes, expliquez l'influence culturelle, géopolitique et économique de la France dans le monde. *(15 points)*

▶ **2.** Sur le planisphère suivant : *(5 points)*
– colorez en rouge et nommez la Polynésie française ;
– nommez l'océan Pacifique ;
– colorez en vert et nommez la France métropolitaine ;
– nommez un État voisin de la France métropolitaine ;
– nommez l'Asie.

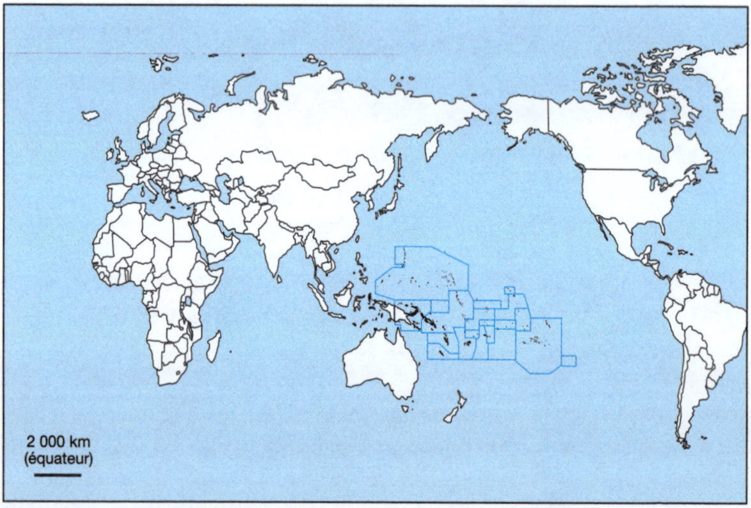

LES CLÉS DU SUJET

▶ **1.** La France est un cas particulier. Depuis un demi-siècle, on assiste à un certain affaiblissement de sa **puissance**, mais son **rayonnement** – c'est-à-dire la capacité d'influencer les autres puissances – est toujours aussi fort dans un certain nombre de domaines. Cela fait d'elle « **une puissance moyenne à rayonnement mondial** ».

L'énoncé propose **trois catégories** : l'influence culturelle, l'influence géopolitique, l'influence économique. Le plus efficace pour élaborer ton plan est de suivre ces indications : consacre un paragraphe à chaque catégorie. Il faut veiller à citer quelques chiffres et à donner des exemples précis des idées développées.

CORRIGÉ 45

▶ **1.** Le rayonnement mondial de la France demeure incontestable sur le plan culturel, en raison d'un héritage historique exceptionnel. La France apparaît comme le pays de la Révolution de 1789, de la liberté et des Droits de l'Homme. Le français, autrefois langue du colonisateur, est la langue officielle de 29 pays et de 220 millions de personnes d'après l'Organisation internationale de la francophonie. La France reste enfin la patrie d'un certain art de vivre qui fascine les élites du monde entier, à travers la gastronomie, la mode, le luxe, les arts et la littérature.

> **Conseil**
> Fais apparaître dans la première phrase de chaque paragraphe l'adjectif (culturel, géopolitique, économique) qui annonce au correcteur l'axe de la partie.

C'est aussi l'héritage historique qui explique la permanence d'une influence géopolitique mondiale. Les territoires ultramarins assurent à la France une présence stratégique planétaire et la deuxième ZEE mondiale. Membre permanent du Conseil de sécurité de l'ONU, la France conserve un droit de veto sur les affaires mondiales. Son réseau diplomatique – le troisième au monde – est l'outil d'une diplomatie autonome, appuyée sur une puissance militaire nucléaire et équipée d'armements de pointe : avion omnirôle Rafale, porte-avions nucléaire Charles-de-Gaulle, fréquemment engagés (Libye, Côte-d'Ivoire, Centrafrique, Sahel, Irak-Syrie…).

C'est peut-être sur le plan économique que l'influence française montre des limites. Sixième PIB mondial et troisième de l'Union européenne, l'économie française, riche et diversifiée, est encore une des grandes économies du monde actuel. Cependant, les parts de marché de l'industrie française diminuent en raison d'une moindre compétitivité. Depuis 2000 et plus encore depuis la crise de 2008, ce recul semble s'accélérer.

▶ 2.

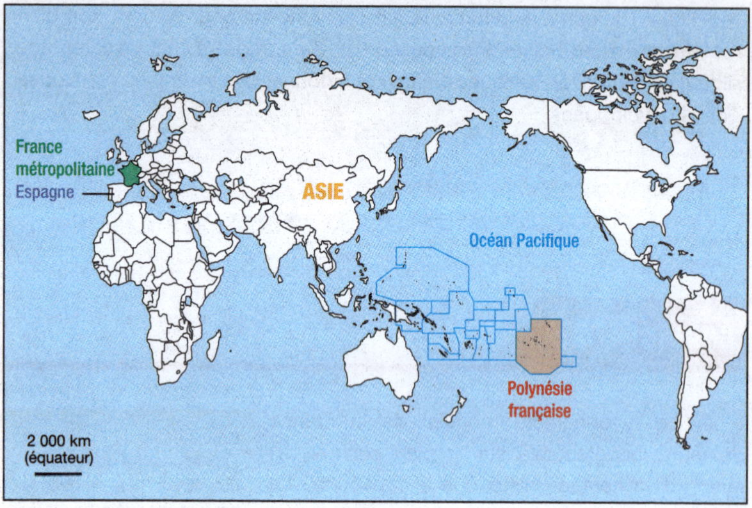

SUJET

46

D'après Asie • Juin 2013

ANALYSER UN DOCUMENT • 20 points

Les échanges commerciaux de l'Union européenne

DOCUMENT

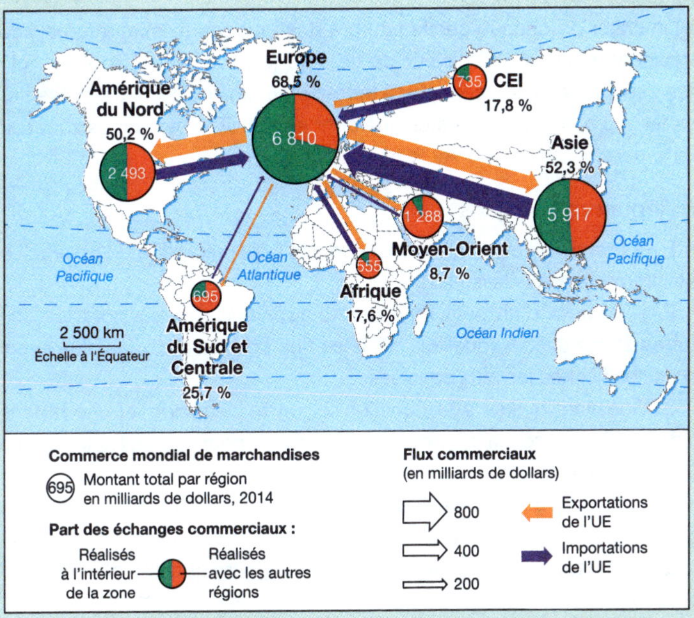

▶ **1.** Présentez le document (nature, date et thème).

▶ **2.** Entourez sur la carte le nom des deux autres pôles mondiaux avec lesquels l'Union européenne réalise l'essentiel de ses échanges.

▶ **3.** Citez trois régions du monde réalisant peu d'échanges commerciaux avec l'Union européenne.

▶ **4.** Que peut-on observer à propos de la répartition des échanges commerciaux de l'Union européenne ?

▶ **5.** Comment peut-on expliquer la forte proportion d'échanges réalisés par l'Union européenne à l'intérieur de sa propre zone ?

LES CLÉS DU SUJET

■ Comprendre le document

Le document est une carte relativement complexe, qui représente le commerce mondial de marchandises. Le monde est divisé en grandes zones (Union européenne, Amérique du Nord, Asie, etc.). Les cercles proportionnels représentent le commerce total effectué par chaque zone (en milliards de dollars pour 2014).

À l'intérieur de chaque cercle figurent des portions mesurant la part des échanges réalisés à l'intérieur de la zone (on voit que l'UE réalise plus des deux tiers de son commerce intra-UE). Enfin, les flèches représentent les flux commerciaux, mais uniquement entre l'UE et les autres zones. La carte permet donc d'étudier le commerce de l'UE.

■ Répondre aux questions

▶ **1.** La première question est destinée à te faire préciser le document (voir les informations ci-dessus).

▶ **2.** Il s'agit là d'un petit travail cartographique. Quelles sont les deux autres zones avec lesquelles l'UE a les flux commerciaux les plus importants (les flèches les plus épaisses) ?

▶ **3.** Question inverse à la question **2.**, on te demande ici une réponse rédigée. Choisisse simplement les trois zones pour lesquelles les flèches sont les moins larges.

▶ **4.** Il s'agit d'une question de synthèse. Fais une phrase simple pour chacun des éléments de légende ; ils apportent chacun un élément d'information. Ne développe pas trop : l'énoncé suggère que l'on attend peu de choses.

▶ **5.** Tu peux observer que presque les trois quarts du commerce de l'Union européenne sont en fait réalisés entre pays de l'UE, ce qui est exceptionnel dans le monde. N'y aurait-il pas là un indice de l'intégration européenne ?

CORRIGÉ 46

▶ **1.** Le document est une carte qui permet d'étudier, pour l'année 2009, les différentes composantes du commerce mondial de marchandises de l'Union européenne. Les cercles proportionnels représentent le commerce total effectué par chaque zone. Les portions de chaque cercle permettent de mesurer la part des échanges réalisés à l'intérieur de la zone. Enfin, les flèches représentent les flux (importations et exportations) entre l'UE et les autres zones.

▶ **2.** Sur la carte, encadrer l'Amérique du Nord et l'Asie.

▶ **3.** L'Union européenne commerce avec toutes les parties du monde, mais certaines réalisent peu d'échanges commerciaux avec elle. Il s'agit de l'Amérique du Sud et centrale, l'Afrique et le Moyen-Orient.

▶ **4.** Les échanges de l'Union européenne présentent plusieurs caractéristiques spécifiques :

- C'est le premier pôle commercial mondial : avec 6 810 milliards de dollars, l'UE est assez nettement devant le deuxième (Asie : 5 917).
- C'est un ensemble très intégré : plus des deux tiers des échanges des pays de l'UE se font avec d'autres pays de l'UE.
- L'UE commerce essentiellement avec l'Asie et l'Amérique du Nord, c'est-à-dire pour une bonne part les autres pôles de la Triade et la Chine. Cependant, avec l'Asie, les échanges sont fortement déficitaires.

▶ **5.** Le commerce intrazone de l'Union européenne représente plus des deux tiers du commerce total de l'UE. C'est une proportion sans équivalent dans le monde : cela renvoie à l'intégration européenne, dont les économies sont très complémentaires et échangent beaucoup les unes avec les autres. Par exemple, l'Allemagne est à la fois le premier client et le premier fournisseur de la France.

SUJET 47

Pondichéry • Mai 2018

MAÎTRISER LES DIFFÉRENTS LANGAGES • 20 points

L'influence de l'Union européenne dans le monde

▶ **1.** Rédigez un développement construit d'une vingtaine de lignes montrant à la fois l'influence de l'Union européenne dans le monde et les limites de son rayonnement. *(15 points)*

▶ **2.** Complétez la carte ci-dessous et la légende *(5 points)* :
– nommez sur la carte les trois pôles du commerce mondial ;
– dans la légende, choisissez un figuré pour représenter les flux de marchandises ;
– puis placez sur la carte les principaux flux de marchandises du commerce mondial.

DOCUMENT **L'Union européenne dans le commerce mondial**

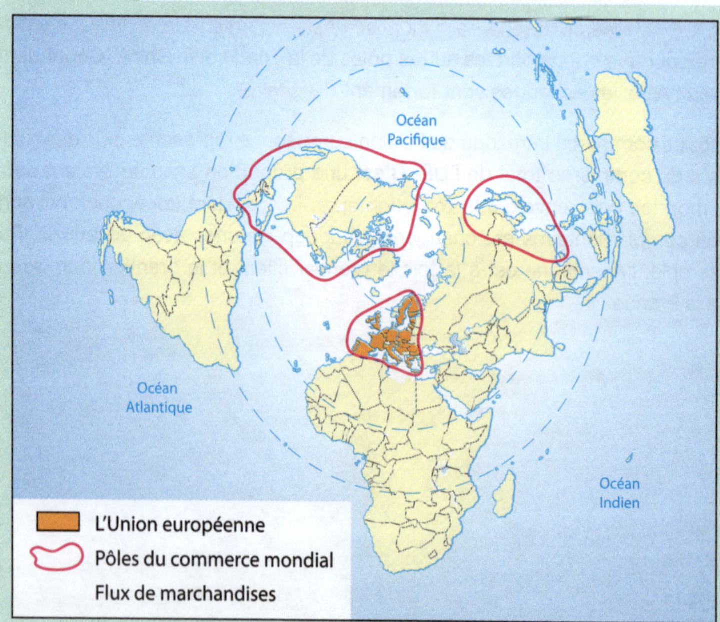

LES CLÉS DU SUJET

▶ **1.** L'énoncé du sujet t'invite à construire un développement en deux paragraphes : un premier qui montrera l'influence de l'UE ; un second qui en soulignera les faiblesses. Ces deux parties devront être à peu près de même longueur. Essaie de citer des chiffres clés pour justifier ton propos.

▶ **2.** Concernant les flux de marchandises du commerce mondial, il n'est pas question d'être exhaustif, on se contentera de figurer quelques flux majeurs. Commence par indiquer les flux entre les trois grands pôles mondiaux, puis complète-les par quelques exemples de flux secondaires (le pétrole du Golfe persique, les échanges Chine-Amérique latine…).

CORRIGÉ 47

GÉOGRAPHIE

▶ **1.** L'Union européenne (UE) est un espace de production de niveau mondial, au 1er rang, à égalité avec les États-Unis, avec environ 23 % de la richesse produite. C'est un ensemble ouvert, fortement inséré dans les processus de mondialisation, qui réalise 32 % du commerce mondial, et le 1er espace touristique mondial, avec 55 % des touristes internationaux. Ses firmes transnationales (1/3 des 500 premières mondiales) jouent un rôle considérable, notamment via les investissements directs à l'étranger. Avec 513 millions d'habitants à fort niveau de vie et haut niveau d'éducation, l'UE est un marché de consommation majeur et une zone de paix, au moins entre ses membres, garantie par des États de droit. Ses valeurs (démocratie, droits de l'Homme) en font une puissance culturelle, une puissance normative, une puissance du *soft power*, comme en témoignent les multiples élargissements à l'est, mais aussi la politique européenne de voisinage.

Toutefois, le modèle européen peine aujourd'hui à s'affirmer dans le monde, plusieurs facteurs limitant son rayonnement. L'Europe connaît un vieillissement de sa population, qui engendre des problèmes de financement (retraite, dépendance). En même temps, les migrations internationales posent des difficultés (crise des réfugiés de 2015). Sa croissance économique manque de dynamisme : les pays émergents sont en phase de rattrapage et l'Union a décroché face aux États-Unis. Seuls l'Allemagne et quelques pays du nord de l'Europe semblent échapper à ce relatif déclin économique.

> CONSEIL
> Introduis la 2e partie de ton raisonnement par un connecteur logique qui établit l'opposition.

Par ailleurs, les divisions entre membres de l'UE rendent peu lisible sa politique étrangère et son projet de puissance. L'UE n'a pas tous les attributs de la puissance : son *hard power* est déficient. Plus qu'une puissance européenne, il y a « des puissances en Europe », au 1er rang desquelles la France.

GAGNE DES POINTS
Réutilise les concepts de *hard power* et de *soft power*.

▶ 2.

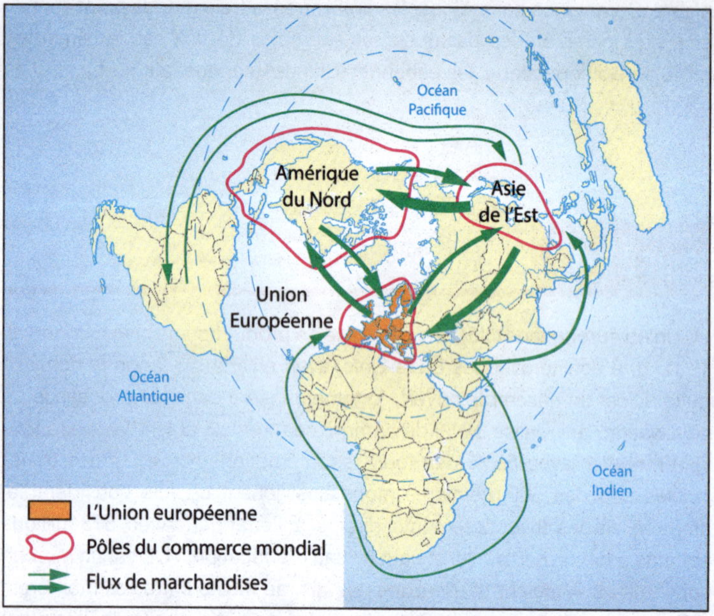

Veille à varier l'épaisseur des flèches représentant les flux, en fonction de leur importance.

SUJET 48

Sujet inédit

ENSEIGNEMENT MORAL ET CIVIQUE • 10 points

L'usurpation d'identité numérique

DOCUMENT 1 **Le délit d'usurpation de l'identité numérique selon la CNIL[1]**

Qu'entend-on par « usurpation d'identité » en ligne ?

L'usurpation d'identité consiste à utiliser, sans votre accord, des informations permettant de vous identifier. Il peut s'agir, par exemple, de vos nom et prénom, de votre adresse électronique, ou encore de photographies… Ces informations peuvent ensuite être utilisées à votre insu, notamment pour souscrire sous votre identité un crédit, un abonnement, pour commettre des actes répréhensibles ou nuire à votre réputation.

Quelles sont les techniques les plus utilisées par les usurpateurs d'identité en ligne ?

Sur Internet, on distingue deux types d'usurpation d'identité.

1. Dans le premier cas, « l'usurpateur » souhaite nuire à la réputation de la personne dont il a volé les données personnelles. Il crée un faux profil, un blog, ou rédige des commentaires sous l'identité de sa victime.

2. Dans l'autre cas, l'usurpateur envoie à sa victime un message en se faisant passer pour un organisme public ou privé connu, et récupère à partir d'un faux site des informations personnelles. Ces informations sont ensuite utilisées pour accéder à des comptes sécurisés et effectuer des opérations sous l'identité de la victime. Ces informations, obtenues de manière frauduleuse, peuvent également être utilisées par les « usurpateurs » pour pirater des comptes de messagerie électronique ou des comptes Facebook de particuliers et les utiliser comme support pour propager leurs arnaques.

CNIL, « L'usurpation d'identité en questions », novembre 2015, cnil.fr.

1. La Cnil (Commission nationale de l'informatique et des libertés) est une organisation chargée de veiller à ce que l'informatique ne porte pas atteinte à l'identité humaine, aux droits de l'Homme, à la vie privée et aux libertés.

DOCUMENT 2 **Les informations personnelles mises en ligne sur Internet (sondage Ifop)**

Question : parmi les informations suivantes, quelles sont celles que vous avez déjà mises en ligne, sur un réseau social par exemple ?

Ifop, « Les Français et les risques numériques », octobre 2012.

▶ **1.** Qui est l'auteur du document 1 ? À qui s'adresse-t-il ? *(1 point)*

▶ **2.** De quel type de délit parle le document 1 ? En quoi consiste-t-il ? *(2 points)*

▶ **3.** D'après le document 2, quel type d'informations est volontairement mis en ligne par les internautes ? *(1 point)*

▶ **4.** Pourquoi les informations mises en ligne mettent-elles en danger les internautes ? Illustrez votre réponse en donnant un exemple. *(3 points)*

▶ **5.** Vous avez été victime d'une personne qui a usurpé l'identité de votre meilleur ami. Pour que vos camarades de classe ne connaissent pas la même mésaventure, vous leur expliquez en quelques lignes les précautions qu'ils doivent prendre. *(3 points)*

LES CLÉS DU SUJET

Comprendre les documents

- Le **document 1** est extrait du site de la Cnil, qui a pour mission de veiller à ce que l'usage des outils informatiques ne se fasse pas au détriment des libertés individuelles. Il définit un type de délit et les méthodes utilisées par les délinquants.
- Le **document 2** donne les résultats d'un sondage. Il répertorie le type d'informations diffusées volontairement par les internautes sur Internet.

Répondre aux questions

▶ **4.** Recherche dans le document 2 un type d'information qui, normalement, s'exprime dans le secret d'un isoloir ou dans la plus stricte intimité. Demande-toi quelle information pourrait susciter l'envie ou au contraire le rejet. Relie ensuite ton choix à l'une des techniques utilisées par les usurpateurs, décrites dans le document 1.

▶ **5.** Après avoir rappelé pourquoi il faut être prudent sur Internet, ton texte peut prendre la forme d'une liste de recommandations.

CORRIGÉ 48

▶ **1.** Le document 1 a été rédigé par la Cnil, une organisation chargée de surveiller les usages de l'informatique afin qu'ils ne portent pas atteinte aux libertés fondamentales. Il s'adresse aux citoyens, usagers des outils informatiques et numériques.

▶ **2.** Le délit évoqué est l'usurpation d'identité, c'est-à-dire l'utilisation des données personnelles d'une personne ou d'une organisation, sans la prévenir ou lui demander son autorisation, afin d'en tromper une autre.

▶ **3.** D'après le document 2, les internautes mettent volontairement en ligne des informations personnelles (adresse, âge, photographies), privées (convictions politiques ou religieuses), voire intimes (orientation sexuelle).

▶ **4.** De telles informations peuvent être récupérées et utilisées pour insulter la victime (*sur son orientation sexuelle*), pour la désigner comme anormale ou mal pensante (*pour ses convictions politiques ou religieuses*) ou pour se moquer d'elle (*via une photo*).

> CONSEIL
> Le corrigé cite plusieurs exemples possibles : choisis-en un et développe-le un peu.

EMC

Par la connaissance des coordonnées, de la qualification professionnelle, des liens de parenté d'une personne, un usurpateur peut se faire passer pour elle et tromper un de ses correspondants.

▶ **5.** Il faut être très vigilant sur les informations personnelles que vous mettez en ligne sur Internet. Gardez toujours à l'esprit que ces informations peuvent être récupérées à des fins malveillantes. Nous vous recommandons quelques règles de conduite :

> INFO +
> Sur Internet, il faut toujours vérifier la source, c'est-à-dire la personne ou l'organisme qui écrit ou publie un texte, une photographie, etc.

• Confiez le moins d'informations personnelles possible aux personnes qui vous le demandent sur Internet. Évitez d'aller sur les sites qui en demandent trop.

• Quand vous visitez un site Internet, vérifiez qu'il est protégé et s'engage à garder vos informations secrètes.

• Refusez de transmettre toute information de nature politique, religieuse, sexuelle ou ethnique.

• Évitez de diffuser des photographies personnelles qui prêtent à rire.

• Ne dévoilez à personne – même pas à votre meilleur ami – vos codes d'accès et réglez bien vos paramètres de sécurité.

• Si vous avez le moindre doute, abstenez-vous de répondre à toute demande d'informations vous concernant.

SUJET 49

Sujet zéro • Série professionnelle

ENSEIGNEMENT MORAL ET CIVIQUE • 10 points

L'égalité et les discriminations

DOCUMENT 1 **Campagne du Laboratoire de l'égalité**

Laboratoiredelegalite.org.

▶ **1.** Quelles situations dénonce ce document ? Cochez les bonnes réponses :

- ❑ racisme
- ❑ sexisme
- ❑ antisémitisme
- ❑ discrimination
- ❑ xénophobie

EMC

▶ **2.** Décrivez l'attitude des deux personnages présents sur le document.

▶ **3.** Pourquoi peut-on dire que le document présente une situation d'inégalité ?

▶ **4.** Quelle est la grande valeur républicaine que cette affiche souhaite défendre ?

▶ **5.** Choisissez une autre situation de discrimination ; présentez-la en quelques lignes.

LES CLÉS DU SUJET

■ Comprendre le document

• Le document est une affiche (ou une image) du Laboratoire de l'égalité. Ce « laboratoire » est une association libre de personnalités attachées à promouvoir l'égalité hommes/femmes.

• L'absence de logo officiel de la République montre qu'il ne s'agit pas d'un organisme institutionnel.

■ Répondre aux questions

▶ **1.** L'affiche est assez explicite : ne te contente pas de l'image ; utilise le texte associé.

▶ **2** et **3.** La question 2 en reste au plan descriptif ; la question 3 te demande de passer au plan symbolique.

▶ **4.** Les grandes valeurs de la République sont celles présentes dans sa devise (« liberté, égalité, fraternité »), auxquelles on peut adjoindre la laïcité.

▶ **5.** Tu peux t'inspirer du tableau de la question 1.

CORRIGÉ 49

▶ **1.**

☐ racisme

☑ sexisme

☐ antisémitisme

☑ discrimination

☐ xénophobie

▶ **2.** Dans un bureau (ordinateur, mobilier, vêtements), un homme et une femme sont assis sur le même fauteuil. Or, l'homme, qui consulte négligemment son téléphone portable, est assis sur la femme, ce que cette dernière n'apprécie visiblement pas.

▶ **3.** L'image a une symbolique, qu'exprime d'ailleurs le slogan sur l'affiche : l'homme au travail ne laisse guère de place à la femme. Les deux ne sont pas sur le même plan : l'homme a manifestement la situation la plus confortable. Symboliquement, c'est donc une situation d'inégalité.

Conseil
N'en reste pas à une description basique. La scène possède une dimension symbolique, ce qui veut dire que les personnages représentent plus qu'eux-mêmes.

▶ **4.** L'affiche souhaite défendre une des valeurs inscrites dans la devise de la République : l'égalité. Chacun, quels que soient son sexe, sa religion, son âge, etc., doit pouvoir bénéficier du même traitement que les autres.

▶ **5.** Lorsqu'une personne de confession juive est agressée dans la rue en raison de sa religion, comme l'actualité en a donné plusieurs exemples récents, il ne s'agit pas d'une simple agression, mais d'une agression aggravée en raison de la discrimination exercée, ici l'antisémitisme. En plus de la violence physique, qui tombe sous le coup de la loi, il y a violation d'un des principes majeurs de la République, qui est l'égalité entre tous les citoyens.

SUJET

50

Amérique du Nord • Juin 2017

ENSEIGNEMENT MORAL ET CIVIQUE • 10 points

La laïcité à l'école

DOCUMENT 1 **Affiche défendant le principe de la laïcité**

Cette affiche a été récompensée par le Prix de la laïcité de la République française en 2015.

École BRASSART campus de Tours – Création : Léo Dupuy

Lemonde.fr, 8 janvier 2016.

DOCUMENT 2 **Charte de la laïcité à l'École (2013)**

Art. 1. La France est une République indivisible, laïque, démocratique et sociale. Elle assure l'égalité devant la loi, sur l'ensemble de son territoire, de tous les citoyens. Elle respecte toutes les croyances.
Art. 2. La République laïque organise la séparation des religions et de l'État. L'État est neutre à l'égard des convictions religieuses ou spirituelles. Il n'y a pas de religion d'État.
Art. 14. Dans les établissements scolaires publics, les règles de vie des différents espaces, précisées dans le règlement intérieur, sont respectueuses de la laïcité. Le port de signes ou tenues par lesquels les élèves manifestent ostensiblement une appartenance religieuse est interdit.

▶ **1.** Montrez que l'affiche et la Charte de la laïcité défendent la liberté d'avoir ou non une religion en France.

▶ **2.** Expliquez ce que signifie, dans le document 2, l'expression « séparation des religions et de l'État ».

▶ **3.** En début d'année, pour se présenter chacun leur tour durant l'heure de vie de classe de leur collège public, Sophie, Étienne, Manuella, Yves, Tanguy, Ismaël, Théo et Dounia doivent réaliser un portrait qui sera affiché dans la salle de cours. Ils se demandent s'ils peuvent se présenter en classe en évoquant leur religion. Quelles réponses proposent les documents 1 et 2 ?

LES CLÉS DU SUJET

Comprendre les documents

• Le **document 1** est une **affiche** diffusée par l'Observatoire de la laïcité, organisme qui aide le gouvernement à défendre la liberté de croyances en France dans le cadre de la **neutralité de l'État.** Elle cherche à faire passer un message auprès des citoyens.
• Le **document 2** est une **charte** établie en 2013 par le ministre de l'Éducation nationale, Vincent Peillon. Elle définit les règles que les élèves doivent respecter en matière de religion. C'est un **document officiel** qui vise à apaiser les tensions qui affectent le bon fonctionnement de certains établissements scolaires.

Répondre aux questions

▶ **1.** Le nom d'une religion est-il privilégié dans l'affiche ? Que respecte la France selon l'article 1 du document 2 ? Au nom de quelle valeur ?

▶ **2.** La réponse est à extraire des deux phrases qui suivent l'expression. Utilise-les pour formuler ton explication.

▶ **3.** Que signifie le mot « ostensiblement » dans l'article 14 ? Utilise la Déclaration des Droits de l'Homme : elle inspire la Charte de la laïcité.

CORRIGÉ 50

▶ **1.** Par le collage qui fait apparaître les noms des grandes religions (chrétienne, musulmane, hindoue, protestante, etc.) ou l'absence de foi (« Athéo » évoque l'athéisme, c'est-à-dire le fait de croire qu'il n'existe aucun dieu), l'affiche met toutes les croyances sur le même plan. Au nom de l'égalité, l'article 1 proclame le respect de chacune d'entre elles.

▶ **2.** L'idée de « séparation des religions et de l'État » signifie que les autorités politiques n'interviennent pas dans les affaires des communautés religieuses. En tant qu'État, la France ne s'identifie à aucune croyance. Aux citoyens, elle n'impose aucune des règles propres à une confession religieuse.

▶ **3.** Dans le cadre de l'heure de vie de classe, des élèves sont invités à se présenter et à faire un portrait d'eux-mêmes. Mais peuvent-ils évoquer leur foi ? Le débat est animé. La charte de la laïcité n'interdit-elle pas de le faire ? L'article 14 n'autorise pas d'exprimer son appartenance religieuse, rappelle Étienne. Dans un État laïc, renchérit Dounia, la religion relève de la vie privée.

Tanguy n'est pas d'accord. Seuls les signes ostentatoires sont interdits par la Charte. Le port d'une croix ou d'une main de Fatima, s'il est discret, est permis, assure Manuella. Les élèves peuvent dire ce qu'ils pensent du moment qu'ils n'imposent pas leurs traditions aux autres. La Déclaration des Droits de l'Homme nous garantit la liberté de croyance et d'expression, rappelle Sophie ; la Charte dit que nous sommes libres et égaux. Nous devons seulement respecter le règlement du collège.

Le groupe finit par conclure que chacun peut évoquer sa croyance à partir du moment où il ne fait pas de sa foi une arme de prosélytisme et un moyen de contester les règles de vie commune.

Info +
Le prosélytisme est l'attitude d'une personne qui cherche à convertir autrui à ses convictions.

Polynésie française • Juin 2017
ENSEIGNEMENT MORAL ET CIVIQUE • 10 points

L'exercice de la citoyenneté dans une démocratie

DOCUMENT 1

Extraits de la Constitution de la Ve République (1958)

Art. 1. La France est une république indivisible, laïque, démocratique et sociale. Elle assure devant la loi de tous les citoyens sans distinction d'origine, de race ou de religion. La loi favorise l'égal accès des femmes et des hommes aux mandats électoraux et fonctions électives […]
Art. 3. Sont électeurs, dans les conditions déterminées par la loi, tous les nationaux français majeurs des deux sexes, jouissant de leurs droits civils et politiques.

DOCUMENT 2

La représentation des femmes en politique en France

« **La loi sur la parité votée en 2000** impose des listes composées d'autant d'hommes que de femmes avec l'alternance obligatoire. Cette loi a été renforcée par une autre loi sur la parité en 2014. »

	Année	Part des femmes en %
Députées	2007	18,5 %
	2012	26,9 %
Sénatrices	2004	17 %
	2014	25 %
Maires	2012	16 %
Conseillères municipales	2014	40,3 %
Députées françaises au Parlement européen	2014	42 %

Article du 21 octobre 2014, extrait du site de l'Observatoire des inégalités.

EMC

▶ **1.** Relevez dans le document 1 les droits politiques dont disposent les femmes et les hommes en France.

▶ **2.** Expliquez à partir du document 2, comment la loi a permis de renforcer l'égalité politique entre les hommes et les femmes.

▶ **3.** D'après le document 2, l'égalité politique homme-femme est-elle atteinte ? Justifiez votre réponse par des chiffres.

▶ **4.** Expliquez à un camarade pourquoi et par quels moyens la loi sur la parité homme-femme contribue au bon fonctionnement de la démocratie en France.

LES CLÉS DU SUJET

Comprendre les documents

• Le **document 1** est un extrait de la Constitution de 1958. La phrase sur l'égalité hommes-femmes a été introduite par la révision de 1999.

• Le **document 2** est un tableau statistique sur la proportion de femmes dans différents types de mandats électifs, parfois sur deux années, ce qui permet une double lecture : l'évolution de la part des femmes dans le temps et la variation de leur part selon les différents types de mandats.

Répondre aux questions

▶ **1.** Les droits politiques correspondent aux grandes libertés attachées aux citoyens d'un pays dans l'exercice de la démocratie.

▶ **3.** N'oublie pas les deux axes de lecture du tableau.

▶ **4.** Il faut bâtir un plan rapide.

Voici un exemple de construction pour ton développement :

– définir ce qu'est une démocratie ;

– montrer en quoi les inégalités entre les hommes et les femmes contreviennent à la démocratie ;

– montrer comment la loi sur la parité tente de promouvoir l'égalité entre hommes et femmes.

Tu pourras conclure en faisant le bilan de la loi.

CORRIGÉ 51

▶ **1.** Les droits politiques sont le droit de vote (art. 3) et le droit d'éligibilité (art. 1). Tous les citoyens sans distinction ont accès à ces droits.

▶ **2.** L'égalité politique entre hommes et femmes, pourtant affirmée dans la Constitution, a été renforcée par la loi de 2000 (et à nouveau renforcée en 2014) sur la parité. Cette loi établit que les listes électorales devront obligatoirement comporter autant d'hommes que de femmes, avec l'alternance obligatoire.

Gagne des points
Tu peux expliquer l'alternance obligatoire sur les listes électorales qui permet de garantir la parité aux postes électifs (ceux qui sont en début de liste).

▶ **3.** Pourtant, l'égalité politique entre hommes et femmes est encore assez loin d'être atteinte : les mandats les plus convoités (sénateurs et députés, voire maire) sont bien moins féminisés (25 à 27 % en 2014 et 16 % pour les maires) que les mandats de conseillers municipaux ou de députés européens (40 à 42 %). Cependant, l'égalité progresse : la part de femmes chez les sénateurs est ainsi passée de 17 à 25 % entre 2004 et 2014.

▶ **4.** Nous vivons en démocratie, un régime où le peuple est souverain, *tout* le peuple, sans distinction entre les citoyens, que ce soit d'après leur origine, leur religion, et bien sûr leur sexe. Pourtant, les femmes n'ont obtenu le droit de vote qu'en 1944.

Les femmes constituent 50 % de la population (en fait 51,5 %, car elles vivent plus longtemps). Le droit d'éligibilité devrait donc conduire à environ 50 % de femmes dans les instances électives. Or, c'est loin d'être le cas : il semble que les femmes aient du mal à accéder aux grands mandats électifs. Cette inégalité est donc peu compatible avec notre démocratie.

C'est pourquoi la loi de 2000 (complétée en 2014) sur la parité impose – contre amendes – aux partis politiques de déposer des listes de candidats comptant autant d'hommes que de femmes avec une alternance. Les élections législatives de 2017 montrent que des progrès sont en cours, avec presque 39 % de femmes à l'Assemblée nationale. C'est probablement le signe d'un meilleur fonctionnement de la démocratie française.

SUJET

52

Nouvelle-Calédonie • Décembre 2017

ENSEIGNEMENT MORAL ET CIVIQUE • 10 points

Les grandes caractéristiques d'un État démocratique

DOCUMENT

L'Assemblée nationale se situe au cœur de notre démocratie, comme le montrent les textes qui régissent le fonctionnement de la Ve République. Représenter le peuple français, légiférer et contrôler l'action du gouvernement : tel est le triptyque qui guide l'action des 577 députés de la France métropolitaine et d'outre-mer.

Chaque année, ce sont ainsi en moyenne une centaine de lois qui sont adoptées, plus de 1 400 heures de débat qui ont lieu dans l'hémicycle, plus de 33 000 questions qui sont posées au gouvernement par écrit ou par oral, plus de 450 rapports qui sont adoptés par les commissions sur les sujets les plus divers.

ph © Thierry Le Fouille/SOPA Images/LightRocket via Getty Images

D'après le site Internet de l'Assemblée nationale, assemblee-nationale.fr, 2016.

▶ **1.** Quels sont les rôles de l'Assemblée nationale ? (trois réponses).

▶ **2.** Qui sont les principaux acteurs de l'Assemblée nationale ?

▶ **3.** Comment sont-ils élus et par qui ?

▶ **4.** Quelle forme de pouvoir représente l'Assemblée nationale ?

LES CLÉS DU SUJET

Comprendre le document

• Le document extrait du site de l'Assemblée nationale présente l'activité de celle-ci. Le premier paragraphe en définit les missions générales ; le second illustre ses activités à travers des chiffres.

• Le document comprend également une photographie offrant un aperçu de l'organisation spatiale de l'Assemblée : un « hémicycle ».

Répondre aux questions

▶ **1.** Repère le terme « triptyque » dans le texte, qui fait référence aux trois réponses attendues.

▶ **4.** Rappelle-toi du principe de séparation des pouvoirs.

CORRIGÉ 52

▶ **1.** L'Assemblée nationale a pour rôles de « représenter le peuple français », qui l'a élue, de « légiférer », c'est-à-dire de créer les lois de la République, et de « contrôler l'action du gouvernement », ce qui permet un équilibre des pouvoirs.

> CONSEIL
> Précise le sens de chaque élément de réponse.

▶ **2.** Les principaux acteurs de l'Assemblée nationale sont les 577 députés, élus dans les 577 circonscriptions de France.

▶ **3.** Les députés sont élus pour cinq ans au suffrage universel direct, lors des élections législatives. Celles-ci suivent immédiatement les élections présidentielles, depuis la réforme du quinquennat.

▶ **4.** L'Assemblée nationale représente le pouvoir législatif, c'est-à-dire le pouvoir chargé de produire la loi. La République française est une démocratie : les trois pouvoirs (législatif, exécutif et judiciaire) sont donc séparés, ce qui signifie qu'ils sont exercés par des institutions et des personnes différentes.

SUJET

53

Pondichéry • Mai 2017

ENSEIGNEMENT MORAL ET CIVIQUE • 10 points

Organisation des pouvoirs et principes démocratiques sous la Ve République

DOCUMENT 1 **La composition de l'Assemblée nationale au soir des élections du 17 juin 2012**

Infographie du journal *L'Est républicain*, 17 juin 2012.

* Le Palais Bourbon est le lieu où siège l'Assemblée nationale.

DOCUMENT 2 **Extraits de la Constitution de la Ve République**

Article 1er

La France est une République indivisible, laïque, démocratique et sociale. Elle assure l'égalité devant la loi de tous les citoyens sans distinction d'origine, de race ou de religion. [...] La loi favorise l'égal accès des femmes et des hommes aux mandats électoraux et fonctions électives, ainsi qu'aux responsabilités professionnelles et sociales.

Article 3

La souveraineté nationale appartient au peuple qui l'exerce par ses représentants et par la voie du référendum. [...] Le suffrage peut être direct ou indirect dans les conditions prévues par la Constitution. Il est toujours universel, égal et secret.

Article 4

Les partis et groupements politiques concourent à l'expression du suffrage. Ils se forment et exercent leur activité librement. Ils doivent respecter les principes de la souveraineté nationale et de la démocratie. La loi garantit les expressions pluralistes des opinions et la participation équitable des partis et groupements politiques à la vie démocratique de la Nation.

▶ **1.** Quel problème pose le taux de participation aux élections du 17 juin 2012 indiqué dans le document 1 ?

▶ **2.** À l'aide d'exemples du document 1, montrez que des opinions différentes s'expriment au sein de l'Assemblée nationale, comme le prévoit la Constitution (document 2).

▶ **3.** Que révèle le nombre de femmes élues (document 1) sur la représentation des femmes à l'Assemblée nationale et dans la vie politique ?

▶ **4.** À l'aide des documents et de vos connaissances, montrez que l'élection et la composition de l'Assemblée nationale mettent en œuvre les principes démocratiques de la République et indiquez ce qui pourrait être amélioré.

LES CLÉS DU SUJET

Comprendre les documents

• Le **document 1** permet de visualiser la **représentation des partis** en nombre de députés. Il concerne les élections législatives de juin 2012 gagnées par le parti socialiste.

• Le **document 2** propose des extraits de la Constitution, le texte qui définit l'**organisation des pouvoirs** et expose les principes de la République. La confrontation des deux documents permet de comprendre comment ces principes s'exercent dans la pratique.

Répondre aux questions

▶ **1.** Que signifie « participer » aux élections ?

▶ **2.** Quel principe est énoncé dans la seconde partie de l'article 4 (doc. 2) ? Comment sont représentés les partis (doc. 1) ?

▶ **3.** Calcule le pourcentage de femmes à l'Assemblée.

▶ **4.** Organise ta réponse en deux temps : montre le respect des principes que tu énonceras d'abord ; propose ensuite des réformes en t'appuyant sur la question 3 et tes connaissances.

CORRIGÉ 53

▶ **1.** Selon le taux de participation, 43 % des électeurs n'ont pas utilisé leur droit d'exprimer leur préférence. Cette abstention pose problème, car ces citoyens n'étant pas représentés à l'Assemblée, leur opinion ne sera pas défendue.

Info +
L'abstentionniste est un électeur qui ne s'exprime pas. Les raisons de son silence sont inconnues. Elles sont à distinguer de celles du vote blanc qui exprime un refus des candidats en lice.

▶ **2.** Selon l'article 4 de la Constitution, la représentation des opinions doit être pluraliste. Ce pluralisme est figuré par les sept couleurs présentes dans le document 1. Des députés de droite (par exemple, UMP), du centre (Modem) ou de gauche (PS, Front de gauche) traduisent ces différences d'opinion.

▶ **3.** Les femmes ne représentent que 26 % des députés. Elles sont sous-représentées par rapport à leur part dans la société qui est de 52 %.

▶ **4.** Selon la Constitution, les grands principes démocratiques de la République sont la laïcité, la solidarité, l'égalité de tous devant la loi (art. 1er), la souveraineté du peuple (art. 3), la liberté d'expression, le droit de vote pour tous et le pluralisme (art. 4).

Conseil
Dans tes réponses, n'hésite pas à reprendre les termes de la question.

Ces principes se traduisent à l'Assemblée par la représentation de partis différents (au moins sept en 2012), des hommes ou des femmes, tous égaux pour débattre et voter les lois. Ces députés parlent au nom de tous les citoyens français. Mais certains parmi ces derniers sont sous-représentés (par exemple, les femmes ou ceux qui se revendiquent de partis d'extrême droite), voire pas du tout (par exemple, les jeunes). Ce défaut peut entraîner l'abstention.

Le renforcement de la parité homme-femme, une représentation plus proportionnelle, l'instauration d'une représentation des plus jeunes, la reconnaissance du vote blanc ou de l'abstention pourraient être améliorés. Le vote pourrait être rendu obligatoire *[D'autres réponses possibles]*. Toutes ces réformes seraient à décider par les députés ou par référendum.

Info +
La loi de 1999 instaure déjà la parité, mais elle manque encore d'efficacité. L'idée d'introduire une part de proportionnelle dans l'élection des députés est régulièrement évoquée.

EMC

SUJET
54

Centres étrangers • Juin 2018

ENSEIGNEMENT MORAL ET CIVIQUE • 10 points

Le parcours d'une loi : l'IVG

DOCUMENT **Témoignage sur l'élaboration de la loi autorisant l'interruption volontaire de grossesse (IVG)**

Pour l'élaboration du texte de loi […], j'ai consulté aussi de nombreux gynécologues […] J'ai rencontré chez les généralistes une quasi-unanimité en faveur de la loi. Quelles qu'aient pu être par ailleurs leurs convictions morales, ces hommes de terrain étaient effarés de voir les dégâts qu'entraînaient les avortements sauvages dans les couches populaires. Il fallait que la loi protège ces femmes. Les riches, si on peut dire, étaient mieux loties[1] : elles partaient se faire avorter clandestinement à l'étranger. […]

Le texte du projet de loi, rapidement mis au point, a été déposé à l'Assemblée nationale pour examen en commission. C'est alors que les vraies difficultés ont commencé. Une partie de l'opinion, très minoritaire, mais d'une efficacité redoutable s'est déchaînée. J'ai reçu des milliers de lettres au contenu souvent abominable, inouï. […]

C'est au cœur de cette agitation que, le 26 novembre 1974, la discussion s'ouvrit à l'Assemblée nationale. […]

Ce furent des séances épuisantes et de bien étranges débats. […]

Finalement, la loi a été votée dans la nuit du 29 novembre par deux cent quatre-vingt-quatre voix contre cent quatre-vingt-neuf, avec une courte majorité des voix de droite, complétée par la totalité de celles de gauche. La victoire était ainsi plus large que nous ne l'avions imaginée et espérée. […]

Quinze jours plus tard, le texte fut voté au Sénat, quasiment dans les mêmes termes. Nous nous étions attendus à un bras de fer plus rude. […]

La page législative tournée, il faudrait encore bien du temps et bien des actions pour que dans une société pourtant en mouvement, les mentalités elles-mêmes évoluent en profondeur. C'est aujourd'hui chose faîte.

Simone Veil, *Une vie*, 2007, p. 158-171 (éditions du Livre de poche).

1. Mieux loties : favorisées.

▶ 1. Identifiez le nom de la personne qui est à l'origine de ce projet de loi. *(1 point)*

▶ 2. Relevez les principales étapes de l'élaboration de la loi décrites par le texte. *(3 points)*

▶ 3. Montrez que cette loi rend la société plus égalitaire. *(2 points)*

▶ 4. Expliquez à la classe pourquoi il est important qu'il y ait des débats et des consultations pendant l'élaboration d'une loi. *(4 points)*
Votre réponse ne comportera aucune information d'identité ou de signature.

LES CLÉS DU SUJET

Comprendre le document

• Le document est un témoignage, celui de Simone Veil (1927-2017), femme politique française ayant occupé d'importantes responsabilités comme ministre, député européenne, présidente du Parlement européen et membre du Conseil constitutionnel.
• Il est extrait d'un livre autobiographique intitulé *Une vie,* publié en 2007, soit 33 ans après le vote de la loi sur l'interruption volontaire de grossesse (IVG).

Répondre aux questions

▶ **1.** Qui est le « je » qui s'exprime dans le texte ?
▶ **2.** Lis attentivement le document et surligne chaque mot qui évoque une action sur le texte du projet de loi préparé par l'auteur. Appuie-toi sur les paragraphes pour identifier chaque étape.
▶ **3.** Quelle différence l'auteur fait-elle entre « couches populaires » et « riches » ? Pourquoi la loi effacerait-elle cette différence ?
▶ **4.** Recherche dans ton cours ce qu'est un « amendement ». Réfléchis à la différence entre une « opinion » et un « argument ».

CORRIGÉ 54

▶ **1.** La personne à l'origine du projet de loi visant à autoriser l'interruption volontaire de grossesse est Simone Veil.

▶ **2.** Le texte de Simone Veil permet d'identifier cinq grandes étapes dans l'élaboration de la loi :

1) La préparation du projet de loi, au cours de laquelle les spécialistes sont « consultés ». Leur avis est pris en compte.

2) La rédaction du texte devant faire loi, soumise ensuite à l'attention d'un groupe de députés (une « commission ») pour qu'ils en discutent les termes.

3) La présentation du texte de loi aux députés qui en débattent et proposent leurs corrections (ou « amendements »).

4) Le vote du texte par les députés (Assemblée nationale).

5) Le vote du texte par les sénateurs (Sénat).

> INFO +
> Pour être adoptée, une loi doit être signée par le président de la République.

▶ **3.** La loi sur l'IVG rend la société plus égalitaire, puisqu'elle permet aux femmes les plus pauvres d'accéder à une intervention chirurgicale dont seules les plus riches pouvaient bénéficier en allant à l'étranger.

▶ **4.** Il est important, tout d'abord, qu'un projet de loi soit établi au terme de consultations auprès des spécialistes et citoyens concernés, parce que ce sont des hommes et des femmes « de terrain » (l. 3). Ils connaissent les réalités, les obstacles concrets qu'il faut contourner, les erreurs à éviter, les souffrances à apaiser.

Les débats permettent ensuite d'évaluer d'autres arguments, plus généraux ou d'ordres différents (sociaux, économiques ou moraux), auxquels les spécialistes peuvent n'avoir pas pensé. Ils aident à affiner le projet de loi, à trouver les meilleurs termes possibles et un bon équilibre entre personnes de convictions différentes.

> CONSEIL
> La démocratie, c'est le gouvernement par la majorité, mais dans le respect des minorités. Cela signifie que tous les arguments doivent être écoutés. Tu peux aussi t'appuyer sur ce principe.

SUJET

55

Amérique du Nord • Juin 2018

ENSEIGNEMENT MORAL ET CIVIQUE • 10 points

L'égalité hommes-femmes en France

Depuis 1982, le 8 mars est officiellement reconnu, en France, comme la journée des droits des femmes. Votre collège profite de cette journée pour organiser une exposition pour rappeler qu'en France, hommes et femmes disposent de droits égaux mais que des inégalités persistent. Voici deux panneaux issus de cette exposition.

DOCUMENT 1 **Quelques étapes dans la mise en œuvre d'une égalité de droits entre hommes et femmes en France**

1907 : la loi accorde aux femmes mariées la libre disposition de leur salaire.
1924 : les programmes de l'enseignement secondaire sont les mêmes pour les filles et les garçons.
1944 : droit de vote et d'éligibilité aux femmes.
1946 : le principe de l'égalité entre les femmes et les hommes dans tous les domaines est désormais inscrit dans la Constitution.
1965 : loi de réforme des régimes matrimoniaux qui autorise les femmes à exercer une profession sans autorisation de leur mari et à gérer leurs biens propres.
1972 : le principe de l'égalité de salaires entre les femmes et les hommes est inscrit dans la loi.
2000 : loi favorisant l'égal accès des femmes et des hommes aux mandats électoraux.

Panneau réalisé par les élèves.

DOCUMENT 2 **Les inégalités professionnelles aujourd'hui**

Par rapport aux hommes, les femmes gagnent…
- 27,5 % de moins dans le secteur des services où elles sont 88 % à travailler.
- 21,8 % de moins lorsqu'elles sont cadres.

Leurs emplois sont les plus précaires et les moins bien rémunérés puisqu'elles représentent 62 % des emplois non qualifiés.

Panneau réalisé par les élèves (les données chiffrées sont issues de Franceinfo.fr, 17 septembre 2014).

DOCUMENT 1

▶ **1.** De quand date l'affirmation du principe d'égalité complète entre hommes et femmes en France ? *(1 point)*

▶ **2.** Pourquoi, selon vous, a-t-il été nécessaire d'adopter ensuite de nouvelles lois sur l'égalité hommes-femmes ? *(1 point)*

DOCUMENT 2

▶ **3.** À partir du document, montrez que des inégalités persistent dans le domaine professionnel. *(2 points)*

▶ **4.** Proposez au moins deux explications au maintien d'inégalités professionnelles entre hommes et femmes. *(2 points)*

DOCUMENTS 1 ET 2

▶ **5.** Rédigez un texte de quelques lignes de conclusion à l'exposition expliquant en quoi les inégalités entre les hommes et les femmes vont à l'encontre des valeurs de la République française. *(4 points)*

LES CLÉS DU SUJET

■ Comprendre les documents

- L'énoncé du sujet est une fiction destinée à te mettre en situation. Les deux documents sont également fictifs : le contenu des panneaux n'a pas été écrit par des élèves, mais par les auteurs du sujet.
- Le document 1 est centré sur « l'égalité de droits » (proclamée par la loi), le document 2 sur « les inégalités professionnelles », donc sur les faits qui viennent nuancer l'égalité proclamée par la loi.

■ **Répondre aux questions**

▶ **1.** Recherche le mot-clé « principe d'égalité ».

▶ **2.** « ensuite » : c'est-à-dire après 1946.

▶ **3.** Essaie de formuler la réponse sans te contenter de recopier le texte du document.

▶ **4.** Tu peux t'inspirer du document pour expliquer pourquoi ces inégalités se maintiennent, mais il faudra nécessairement développer un peu ta réponse par des connaissances personnelles.

▶ **5.** Commence par rappeler les inégalités, puis montre en quoi elles sont en contradiction avec les valeurs de la République dès l'origine. Tu peux terminer en rappelant les évolutions récentes, qui tendent à réduire ces inégalités.

CORRIGÉ 55

▶ **1.** L'affirmation du principe d'égalité complète entre hommes et femmes en France date de la Constitution de 1946.

INFO +
S'inspirant des valeurs de la Résistance, le préambule de la Constitution de 1946 proclame ce principe, annexé à la Constitution de 1958. Il fait donc partie des valeurs de la République.

▶ **2.** Après 1946, de nouvelles lois en faveur de l'égalité hommes-femmes ont été adoptées. En effet, les inégalités étaient véritablement incrustées dans tous les aspects de la vie civile, professionnelle, politique, rendant ainsi nécessaires des lois spécifiques à tel ou tel domaine. Par exemple, la loi de 1965 autorise les femmes à exercer une profession sans l'autorisation de leur mari.

▶ **3.** Des inégalités persistent dans le domaine professionnel. Par exemple, les femmes gagnent 27,5 % de moins que les hommes dans le secteur des services ; elles exercent également des emplois plus précaires, car « elles représentent 62 % des emplois non qualifiés ».

CONSEIL
Utilise ta propre formulation et mets les citations du texte entre guillemets.

▶ **4.** Le maintien d'inégalités professionnelles entre hommes et femmes peut s'expliquer par le fait que les femmes exercent souvent les emplois « les plus précaires », « 62 % des emplois non qualifiés » : la faible qualification n'est pas favorable à une réduction des inégalités.

EMC

La persistance des inégalités provient aussi et surtout de la résistance des mentalités : les femmes sont encore souvent perçues comme moins performantes et moins impliquées que les hommes : leur accès aux postes à responsabilités est par conséquent plus difficile.

▶ **5.** Avec beaucoup de retard, en 1944, la France donnait le droit de vote aux Françaises. Et le préambule de la Constitution de 1946 affirmait enfin l'égalité entre les hommes et les femmes comme une valeur fondamentale de la République. Le mot « égalité », deuxième terme de la devise de la France, n'est-il pas inscrit au frontispice de nos mairies ? Proclamer l'égalité entre tous les citoyens est en effet au cœur du projet républicain depuis la Révolution française et la *Déclaration des Droits de l'Homme et du Citoyen* du 26 août 1789 : il aura fallu plus d'un siècle et demi pour que « tous les hommes », mais aussi toutes les femmes, « naissent et demeurent libres et égaux en droits ».

GAGNE DES POINTS
Utilise dès que tu peux des connaissances personnelles précises, qui montreront que tu as étudié la question et que tu ne tires pas tout des documents.

Depuis, de nombreuses lois ont complété cette déclaration de principe afin de mettre la réalité en conformité avec celle-ci. L'évolution vers une égalité réelle est en marche : ainsi, à poste égal, les inégalités de salaire hommes-femmes sont tombées à 9 %. Néanmoins, les mentalités évoluent lentement et du chemin reste à parcourir pour parvenir à une égalité entre hommes et femmes effective dans la vie courante.

SUJET 56

Pondichéry • Mai 2018

ENSEIGNEMENT MORAL ET CIVIQUE • 10 points

Le rôle de l'opinion dans le débat démocratique

DOCUMENT 1 **Débat entre amis**

Vous assistez à une discussion entre deux de vos amis qui parlent des premiers pas de l'homme sur la lune.

Vous entendez Dominique dire : « L'homme n'a jamais marché sur la Lune ! »

Puis Camille lui répond : « Ah oui ? Mais qu'est-ce qui te permet de l'affirmer ? »

Enfin Dominique sans hésiter explique : « Je le sais parce que je l'ai lu sur un site Internet ! »

DOCUMENT 2 **La Commission européenne veut s'attaquer aux *fake news*[1]**

Mariya Gabriel, la nouvelle commissaire au numérique, s'apprête à prendre une des premières mesures de son mandat : mettre sur pied un groupe d'experts sur les *fake news*, la propagation d'informations fausses dans les médias. [...]

Elle a l'intention de « dire très clairement que les plateformes [Internet] ont une obligation de diligence », un terme juridique signifiant que les sociétés en ligne, comme Facebook ou Twitter, devraient prendre des mesures pour surveiller les *posts*[2] de leurs utilisateurs. [...]

Le mois prochain, la Commission européenne devrait annoncer des mesures [...] L'Allemagne a même introduit une loi nationale plus tôt dans l'année, selon laquelle les médias sociaux risquent jusqu'à 50 millions d'euros d'amende s'ils ne retirent pas les contenus illégaux, comme les propos haineux. D'autres pays européens envisagent de suivre cet exemple.

Article publié le 1er septembre 2017 sur Ouestfrance.fr.

1. *Fake news* : fausses nouvelles. 2. *Posts* : messages ou commentaires mis en ligne.

EMC

DOCUMENT 1

▶ **1.** Quel est le média utilisé par Dominique ? *(1 point)*

▶ **2.** Définissez ce qu'est un média. *(1 point)*

▶ **3.** Montrez que la réponse finale de Dominique ne constitue pas un argument valable. *(2 points)*

DOCUMENT 2

▶ **4.** Indiquez deux raisons pour lesquelles Mariya Gabriel, la nouvelle commissaire au numérique, veut engager une réflexion dans l'Union européenne sur les *fake news*. *(2 points)*

DOCUMENTS 1 ET 2

▶ **5.** À partir des documents 1 et 2 et de vos connaissances, indiquez en quelques lignes quelles démarches peuvent suivre les acteurs de la démocratie (citoyens, entreprises, institutions…) pour trouver des informations fiables. *(4 points)*

LES CLÉS DU SUJET

■ Comprendre les documents

• Le **document 1** est un texte rapportant une discussion entre deux amis, inventé pour les besoins du sujet. Si le procédé peut paraître un peu curieux, il permet toutefois d'attirer l'attention sur un type de raisonnement (« Je le sais parce que je l'ai lu sur Internet ») qui pourrait facilement être relevé en ligne, sur des forums Internet ou réseaux sociaux.

• Le **document 2** est un extrait d'article, tiré du site Web d'un grand quotidien régional, *Ouest-France*. Là aussi, le contenu est curieux car, si les deux premiers paragraphes abordent bien la question des *fake news*, le troisième fait référence aux « contenus illégaux » (injure, diffamation, incitation à la haine raciale, etc.) sanctionnés par la loi.

• **Que sont les *fake news* ?** Des « fausses nouvelles », telle est la traduction donnée dans le sujet. Au sens littéral, une *fake news* est une information (*news*) truquée (*fake*). La diffusion délibérée d'une information fausse peut tenir du simple canular (ex. : fausse annonce de la mort d'une célébrité). Elle peut aussi relever d'une intention de manipuler l'opinion publique. L'émetteur de la *fake news* cherche alors à intoxiquer, à désinformer.

Dans nos sociétés modernes, la maîtrise de l'information constitue une arme puissante. Parfois, ce sont des acteurs, au service d'États hostiles, qui répandent des *fakes news* ; parfois ce sont des particuliers ou des organisations qui cherchent à générer du trafic, des *likes* sur les réseaux sociaux. Une *fake news* n'est pas nécessairement illégale, car il n'est pas illégal de mentir ou de raconter n'importe quoi (sauf lorsqu'on le fait sous serment, au tribunal, ou en cas d'atteinte à autrui, par exemple).

Répondre aux questions

▶ **4.** Les raisons ne sont pas explicitement mentionnées. Mais il n'est pas difficile de comprendre que les réseaux sociaux – comme ceux qui sont mentionnés – sont très largement utilisés et que leur contrôle – ou leur absence de contrôle – peut constituer une menace dans une démocratie d'opinion.

CORRIGÉ 56

▶ **1.** Le média utilisé par Dominique est « Internet ».

▶ **2.** Un média est un moyen de diffusion de l'information. La presse, la télévision, la radio, le cinéma, Internet, par exemple, sont des médias qui permettent une large diffusion. Avec le développement d'Internet, la diffusion de l'information ne se fait plus uniquement dans un sens (du journaliste vers ses lecteurs, par exemple), elle s'effectue de manière multidirectionnelle (du lecteur vers le journaliste, entre lecteurs). Internet permet d'échanger entre pairs, par exemple sur un réseau social ou sur le forum de discussion attaché à un journal Web. Chacun peut devenir producteur d'information.

▶ **3.** La réponse finale de Dominique, « je l'ai lu sur un site Internet », ne constitue pas un argument valable. En effet, n'importe qui peut écrire n'importe quoi sur un site Internet. Il aurait fallu aller plus loin, préciser la source (auteur du contenu), donner des arguments, des chiffres, construire un raisonnement, et surtout croiser cette prétendue information avec d'autres sources.

> CONSEIL
> N'en dis pas trop ici. Tu pourras développer à la question 5.

EMC

▶ **4.** La nouvelle commissaire au numérique, Mariya Gabriel, veut engager une réflexion sur les *fake news* pour deux raisons :

INFO +
Mariya Gabriel est une commissaire (bulgare) européenne, donc un membre de la Commission européenne.

• Une raison de fond : avec le développement très rapide des réseaux sociaux, les utilisateurs peuvent écrire n'importe quoi et donc colporter facilement toute information fausse, fantaisiste, illégale ; et ces *fake news* peuvent toucher beaucoup de monde très rapidement.

• Une raison de forme : certains États membres de l'UE, comme l'Allemagne, ont déjà commencé à s'attaquer à ce problème par la loi. C'est le rôle de la Commission européenne de généraliser ces bonnes pratiques à l'ensemble des pays membres.

▶ **5.** Les *fake news* sont des informations erronées, manipulées, à des fins idéologiques ou publicitaires, personnelles ou commerciales. L'utilisation massive des réseaux sociaux par tout un chacun rend ce problème aigu, surtout dans une démocratie qui n'est plus seulement représentative, mais qui est aussi devenue une démocratie d'opinion, une démocratie participative.

Pour trouver une information fiable, et éviter de tomber dans le piège des *fake news*, l'éducation est la seule réponse. Les acteurs de la démocratie – les citoyens au premier chef – doivent procéder avec méthode et esprit critique.

Un premier réflexe doit toujours être de vérifier la source de l'information : si le journal ou le site Web fait partie des médias reconnus, dont on a l'habitude, si la source est institutionnelle (un ministère, une agence internationale connue), c'est un premier indice.

On peut aussi faire preuve d'esprit critique et se demander quel intérêt la source peut trouver à transmettre cette information. Il faut se méfier du sensationnel qui ne fait qu'exploiter notre naïveté, et tester la logique du propos de l'auteur… s'il y en a une !

Enfin, il faut croiser les sources, c'est-à-dire vérifier dans différents autres médias que l'information est confirmée. Attention toutefois : sur Internet, une information peut rapidement être reproduite des millions de fois.

Il est à noter que ce phénomène des *fake news* a pris une telle ampleur que des médias connus ont mis en place des sites de *fact checking*, c'est-à-dire de « vérification des faits ». Leur rôle est précisément de décoder les informations et de les vérifier. Le plus connu s'appelle « Les décodeurs », un site du journal *Le Monde*, qui a même mis en place un outil spécial de vérification de source : Decodex.

INFO +
Le site des Décodeurs est accessible à l'adresse suivante : www.lemonde.fr/les-decodeurs

SUJET

57

Sujet inédit

ENSEIGNEMENT MORAL ET CIVIQUE • 10 points

Les symboles de la démocratie

▶ **1.** À quel droit politique correspondent les deux documents ? Nommez deux symboles de la République présents dans ceux-ci.

▶ **2.** En vous appuyant sur le document 2, définissez ce qu'est un isoloir et expliquez pourquoi il a été adopté. Pourquoi n'y a-t-il pas de femmes représentées ?

▶ **3.** En tant que délégué de votre classe, vous devez organiser un référendum sur une question scolaire de votre choix. Expliquez à vos camarades comment le scrutin va se dérouler et pourquoi il est important qu'ils votent.

DOCUMENT 1

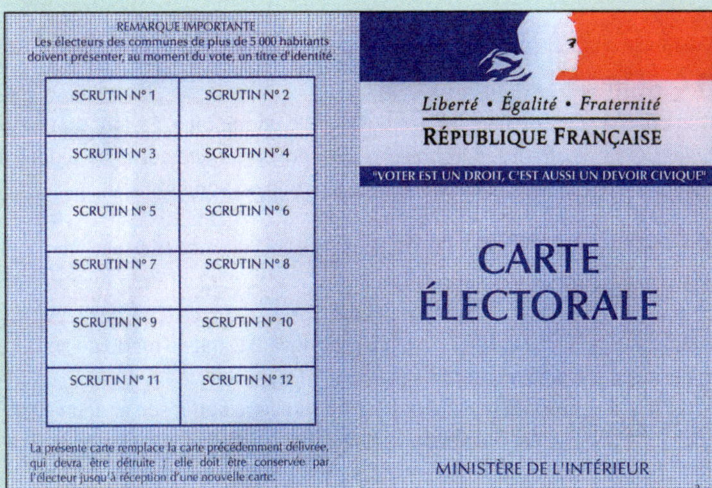

EMC

DOCUMENT 2

LE PELERIN

Les premiers essais de la cabine d'isolement aux élections municipales, en Bretagne

LES CLÉS DU SUJET

Comprendre les documents

Ces deux images présentent des outils de la démocratie. En tant que symboles, elles illustrent les conditions de son bon exercice. Elles aident à comprendre comment se déroule une élection ou scrutin.

Répondre aux questions

▶ **1.** Un « scrutin » (document 1) est une élection. Quel droit exerce-t-on chaque fois qu'on participe à un scrutin ?

▶ **2.** As-tu déjà participé à un vote à main levé ? Dans ce mode de scrutin, le choix de ton voisin peut-il t'influencer ? Pourquoi ?

▶ **3.** Choisis d'abord le thème du référendum (une sortie scolaire, un changement d'horaire, la participation à une action caritative, par exemple). Précise bien le type de réponse attendu dans un référendum. Sur un groupe de cent élèves, cinquante votent. Qui décide pour les cinquante autres ?

CORRIGÉ 57

▶ **1.** Le droit politique auquel renvoient les deux documents est le droit de vote. Dans ces documents, sont présents : la Marianne (en haut à droite de la carte comme de la gravure) ; la devise de la République (« Liberté – égalité – fraternité » dans le document 1) ; les couleurs du drapeau national (bleu-blanc-rouge).

▶ **2.** Un isoloir est un espace dans lequel les électeurs peuvent se couper du regard des autres (s'isoler). Il permet d'échapper à toute manœuvre d'intimidation qui viserait à les obliger à voter d'une manière qu'ils ne souhaitent pas. L'isoloir garantit la liberté du vote. Les femmes ne sont pas présentes dans la gravure, parce qu'elles n'ont pas le droit de vote en 1903.

Info +
Le droit de vote en France est accordé aux femmes en 1944.

▶ **3.** Bonjour, notre professeur d'histoire-géographie veut organiser un voyage sur les plages du Débarquement, durant un week-end. Mais la seule date possible se situe avant le brevet blanc. Nous allons donc organiser un référendum sur le sujet. À la question « êtes-vous d'accord pour participer au voyage à la date proposée ? », vous devrez répondre par « oui » ou par « non ». Il n'y a pas d'autre réponse possible. Chacun d'entre vous passera dans l'isoloir pour glisser dans une enveloppe un bulletin où sera inscrit « oui » ou « non ». Il ira ensuite la déposer dans la boîte qui nous servira d'urne. Les bulletins seront dépouillés (lus) et la réponse qui obtiendra le plus grand nombre de voix s'imposera à tous. Si vous ne votez pas ou n'exprimez pas votre choix (bulletin blanc ou nul), vous devrez accepter le résultat exprimé même s'il vous déplaît. Vous avez le droit de voter, la liberté de choisir ce que vous préférez. Profitez de ce pouvoir.

Remarque
Nous parlons ici d'un voyage sur les plages du Débarquement, mais toute autre situation peut être envisagée, nous ne donnons qu'un exemple.

SUJET

58

Sujet inédit

ENSEIGNEMENT MORAL ET CIVIQUE • 10 points

La Vᵉ République, une République indivisible et démocratique

▶ **1.** De quel texte est issue la phrase en gras dans le document 1 ? Que représente le document 2 ?

▶ **2.** Quels sont les différents types de pouvoir qui figurent sur le document 2 ? Donnez une définition rapide de chacun d'entre eux.

▶ **3.** Qu'est-ce que le référendum évoqué dans le document 1 ? À quel niveau du document 2 est-il utilisé ?

▶ **4.** Lors d'un exposé devant la classe, vous devez expliquer à vos camarades, en quelques lignes, que les institutions de la Vᵉ République respectent les principes d'une République indivisible et démocratique. N'oubliez pas de relire les définitions de ces termes données par le document 1.

DOCUMENT 1 **Les principes constitutionnels de la Vᵉ République**

La France est une République indivisible, laïque, démocratique et sociale.

Extrait de la Constitution de la Vᵉ République.

Une République indivisible : aucune partie du peuple, ni aucun individu, ne peut s'attribuer l'exercice de la souveraineté nationale. Seul le peuple exerce cette souveraineté par la voie de ses représentants ou du référendum.
Le caractère démocratique de la République implique le respect des libertés fondamentales et la désignation des différents pouvoirs au suffrage universel (ouvert à tous les citoyens majeurs), égal (chaque électeur dispose d'une voix) et secret (chacun vote librement à l'abri de toute pression).

D'après le site www.vie-publique.fr.

DOCUMENT 2 **Les institutions de la Ve République**

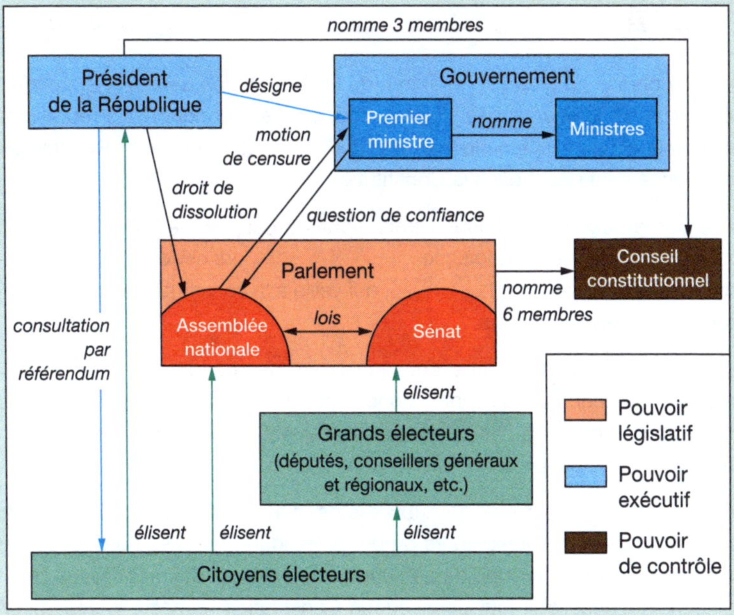

LES CLÉS DU SUJET

Comprendre les documents

• Le document 1 cite une phrase de la Constitution de la Ve République. Deux de ses termes sont ensuite explicités par un site institutionnel parfaitement digne de foi.

• Le document 2 est un organigramme simplifié qui montre le fonctionnement des institutions de la Ve République.

Répondre aux questions

▶ **1.** Cette question t'invite à présenter brièvement chaque document. Cela te permet de faire la différence entre la Constitution et ses institutions.

▶ **2.** Cette question attire ton attention sur les différentes catégories d'institutions. Leur diversité te donnera un argument pour traiter la question 4.

▶ **3.** C'est une simple question de connaissances, qui pourra aussi te servir dans ta réponse à la question 4.

▶ **4.** Tu dois montrer, grâce aux documents, le caractère indivisible et démocratique de la République. Tu peux organiser ta réponse en deux paragraphes.

EMC

CORRIGÉ 58

▶ **1.** La phrase en gras est un extrait de la Constitution de la Ve République, rédigée en 1958 et amendée plusieurs fois depuis. Le document 2 représente schématiquement le fonctionnement des institutions de la Ve République, fonctionnement décrit dans la Constitution.

▶ **2.** Sur le document 2 figurent trois types de pouvoir : le pouvoir législatif, qui est celui de créer les lois ; le pouvoir exécutif, qui est celui de faire exécuter les lois ; le pouvoir de contrôle, qui veille à la constitutionnalité du fonctionnement des institutions.

▶ **3.** Le référendum est une question posée au peuple, c'est-à-dire aux citoyens électeurs qui doivent répondre par « oui » ou par « non ». Il s'agit d'une consultation mise en œuvre par le président de la République directement auprès du peuple.

▶ **4.** La Ve République est indivisible : le peuple exerce seul la souveraineté, par la voie de ses représentants ou du référendum. La prise du pouvoir par une personne ou un groupe de personnes hors des conditions prévues serait anticonstitutionnelle. Il faut noter que la Constitution respecte la séparation des pouvoirs et l'équilibre entre ceux-ci.

La Ve République est aussi démocratique. Toutes les institutions de la Ve République qui ont un pouvoir législatif ou exécutif sont en effet élues directement par le peuple, c'est-à-dire les citoyens électeurs, au suffrage universel. Chaque électeur dispose d'une voix et peut voter librement, dans le secret de l'isoloir. Même le pouvoir de contrôle (le Conseil constitutionnel) est nommé indirectement par le peuple, puisque ses membres sont nommés par des élus du peuple (le président et le Parlement).

La Ve République est donc bien conforme aux principes énoncés dans sa Constitution.

SUJET 59

Centres étrangers • Juin 2017

ENSEIGNEMENT MORAL ET CIVIQUE • 10 points

Le vote, droit et devoir civique

DOCUMENT 1 Campagne pour l'inscription sur les listes électorales de la mairie de Besançon (2011)

© Ville de Besançon/DR

DOCUMENT 2 **Témoignage sur le vote de Sophie, 21 ans, étudiante**

« Je n'ai jamais voté mais je vais le faire aux municipales. J'ai acquis une maturité qui me permet de prendre conscience de ce qui se passe dans mon pays. Avant je ne me sentais pas concernée. »

« Certaines choses me préoccupent : la vie commence vraiment à devenir chère, des choses sont mises en place pour les jeunes mais on n'en voit pas vraiment le bout.

Je sais que ce n'est pas mon vote qui va changer la donne, mais je me dis qu'au moins j'aurai participé, et là je pourrai dire : "j'ai voté, je ne suis pas d'accord." »

Agence France Presse, mars 2014.

▶ **1.** Quel devoir du citoyen est abordé dans les deux documents ?

▶ **2.** Donnez une raison pour laquelle la mairie de Besançon a organisé cette campagne.

▶ **3.** Relevez un argument donné par Sophie (document 2) pour expliquer son nouvel intérêt pour la vie politique.

▶ **4.** « Ça ne sert à rien d'aller voter ! » dit un élève. Quels arguments pouvez-vous avancer afin de le convaincre d'aller voter ? Développez votre argumentation en quelques lignes.

LES CLÉS DU SUJET

Comprendre les documents

• Le **document 1** est une affiche publiée par la mairie de Besançon pour sensibiliser les jeunes à la nécessité de voter. L'affiche compare la carte d'électeur au téléphone portable, objet identitaire chez les jeunes, et montre leurs similitudes.

• Le **document 2** est le témoignage d'une étudiante de 21 ans, citée par l'AFP, qui montre l'intérêt du vote pour une jeune fille d'aujourd'hui.

Répondre aux questions

▶ **2.** 2012 a été une année d'élection présidentielle, puis législative.

▶ **3.** Relève l'argument général donné dans le premier paragraphe.

▶ **4.** Il est préférable de mettre ta réponse en situation, comme si tu répondais à ce camarade fictif. Commence par rappeler que le vote est un droit, mais aussi un devoir civique ; explique ensuite qu'il est le fruit d'une lutte historique ; montre enfin qu'il fait vivre la démocratie.

CORRIGÉ 59

▶ **1.** Le devoir du citoyen abordé dans les deux documents est celui de voter. C'est en même temps un droit et un devoir.

▶ **2.** La mairie de Besançon a organisé cette campagne de sensibilisation à la nécessité d'aller voter à l'attention des jeunes, parce que ces derniers ne font pas toujours la démarche de s'inscrire sur les listes électorales. Leur participation au vote est sollicitée, comme celle de l'ensemble des citoyens, pour faire vivre la démocratie. Cette campagne s'est déroulée à l'approche de l'année 2012, où se sont tenues les élections présidentielles puis législatives.

> **Gagne des points**
> Développe ta réponse sur le plan des principes (démocratie), avant de la contextualiser (2012).

▶ **3.** Sophie explique son nouvel intérêt pour la vie politique par l'acquisition d'une certaine « maturité », une prise de « conscience de ce qui se passe dans (son) pays ». Face aux problèmes du quotidien qu'elle rencontre, le vote lui permet de participer à la vie démocratique, de donner son avis en glissant un bulletin dans l'urne.

▶ **4.** Tu dis que cela ne sert à rien d'aller voter, mais rappelle-toi que le vote est non seulement un droit attaché à ta personne de citoyen français (et européen), mais aussi un devoir civique. Évidemment, l'abstention n'est pas sanctionnée, mais il est dans notre intérêt à tous d'aller voter.

N'oublie pas que le droit de vote a été conquis par notre peuple, tout au long de son histoire : le suffrage universel n'a été obtenu qu'en 1848 pour les hommes. Les femmes ont dû attendre 1944, soit près d'un siècle après. Si nos ancêtres se sont battus pour obtenir ce droit, c'est afin de faire entendre leur voix et de pouvoir décider de leur avenir politique.

> **Gagne des points**
> Utilise le vocabulaire scientifique que tu as appris sur ce thème.

La France est une démocratie ; cela veut dire que le peuple est souverain. C'est par le vote que se manifeste cette souveraineté du peuple : il lui permet de choisir ceux qui vont gouverner le pays. Le vote est même le seul moyen d'expression entièrement légitime du peuple, précisément parce que tous les citoyens peuvent voter. Un taux d'abstention trop fort pourrait mettre en péril notre démocratie en laissant une porte ouverte à un régime qui ne correspondrait pas à l'intérêt général.

SUJET 60

Antilles, Guyane • Septembre 2017

ENSEIGNEMENT MORAL ET CIVIQUE • 10 points

Les clubs Unicef Jeunes

DOCUMENT **Les clubs Unicef[1] Jeunes**

« Tu es collégien, tu as entre 11 et 15 ans ? Tu as envie de t'informer, de t'exprimer, de mieux connaître tes droits ? Tu veux comprendre le monde qui t'entoure ? Tu veux participer à des actions dans ton collège ? Rejoins les 1 200 élèves inscrits dans les clubs Unicef Jeunes ! »

Si vous êtes un collégien, vous pouvez former un club Unicef réunissant un enseignant et des élèves afin de vous tenir informé sur la situation des enfants dans le monde et de réfléchir à la solidarité internationale.

La mission d'un club Unicef Jeunes

- Permettre de comprendre, et mieux connaître, la situation des enfants dans le monde, la solidarité internationale et la citoyenneté.
- Réfléchir ensemble et débattre sur les thèmes des droits de l'enfant (santé, éducation, expression…).
- Comprendre comment l'Unicef aide les enfants sur le terrain.

Les actions d'un club Unicef Jeunes

- Sensibiliser à la vie des enfants dans les pays en développement et à l'action de l'Unicef à travers des exemples concrets : l'importance de l'eau potable ou de la vaccination, le quotidien d'un enfant soldat…
- Réaliser des actions de sensibilisation dans le collège : manifestations sportives, dictée solidaire, concours de « poésie et engagement », expositions, fabrication et vente d'objets…
- Créer des jeux de sensibilisation sur les droits de l'enfant : jeu de cartes de 7 familles, cerfs-volants solidaires…

Unicef.fr.

1. Unicef : Fonds des Nations unies pour l'enfance.

▶ **1.** Nommez l'organisation à l'origine de ce document.

▶ **2.** Identifiez les destinataires de ce document.

▶ **3.** Citez une mission des clubs Unicef Jeunes.

▶ **4.** À partir d'un exemple extrait des documents, montrez comment un club Unicef Jeunes permet de faire vivre une valeur de la République française.

▶ **5.** Vous souhaitez créer un club Unicef Jeunes dans votre collège avec quelques élèves de votre classe pour promouvoir une action solidaire. En quelques lignes, expliquez-leur le but de votre projet en insistant sur sa dimension solidaire.

LES CLÉS DU SUJET

■ Comprendre le document

Le document est extrait du site Internet de l'Unicef, qui est le Fonds des Nations unies pour l'enfance. Sa mission est de protéger la vie des enfants, d'aider à leur bien-être et à leur éducation, de faire respecter leurs droits, partout dans le monde. Un club Unicef permet aux acteurs de l'éducation et aux jeunes de s'engager pour soutenir l'action de l'Unicef.

■ Répondre aux questions

▶ **3.** Le paragraphe intitulé « La mission d'un club Unicef Jeunes » donne trois exemples.

▶ **4.** Les droits de l'Homme (et ceux de l'enfant) ou la solidarité font partie des valeurs de la République.

▶ **5.** Organise ton développement : tu peux présenter tout d'abord l'Unicef, puis ton projet, et enfin expliquer la notion de solidarité.

CORRIGÉ 60

▶ **1.** L'organisation à l'origine du document est l'Unicef : le Fonds des Nations unies pour l'enfance. Cette organisation du système ONU s'attache depuis 70 ans à protéger les droits des enfants partout dans le monde.

> CONSEIL
> Donne le sens de l'acronyme Unicef, puis explique le but de l'organisation.

▶ **2.** Les destinataires du document sont les collégiens, qui ont entre 11 et 15 ans. Ce document nous est donc directement adressé.

> GAGNE DES POINTS
> Montre dans ta réponse que tu as compris que tu es directement concerné.

▶ **3.** Parmi les missions des clubs Unicef Jeunes figure celle de « réfléchir ensemble et débattre sur les thèmes des droits de l'enfant », comme la santé, l'éducation, l'expression.

▶ **4.** Les droits de l'Homme font partie des valeurs de la République. Pour les enfants, la France est signataire de la Convention internationale des droits de l'enfant. Le fait de « créer des jeux de sensibilisation sur les droits de l'enfant », qui est une des actions des clubs Unicef, permet donc de faire vivre cette valeur.

▶ **5.** Connaissez-vous l'Unicef ? C'est le Fonds des Nations unies pour l'enfance, une organisation qui s'attache à protéger les droits des enfants, comme nous, partout dans le monde.

Alors, moi, j'ai envie de m'engager au service de cette cause qui est la nôtre. Parce que nous sommes tous des enfants, je veux créer un club Unicef dans notre collège. Un club Unicef, c'est une structure qui nous permettra de nous réunir, de réfléchir et de débattre, de mettre au point des actions en faveur des enfants du monde. Nous pourrons ainsi mettre en place un projet solidaire, une action qui donne un sens à notre engagement.

> GAGNE DES POINTS
> Utilise bien les mots-clés du sujet : engagement, solidarité, droits de l'enfant…

Car si nous avons la chance, en France, de vivre dans un pays développé, une société démocratique dans laquelle les enfants ont des droits reconnus et garantis, ce n'est pas le cas partout dans le monde. Nous pouvons faire quelque chose pour les enfants qui n'ont pas la même chance que nous, parce que c'est notre devoir moral d'être solidaires.

SUJET

61

Asie • Juin 2017

ENSEIGNEMENT MORAL ET CIVIQUE • 10 points

Le rôle des citoyens dans la Défense nationale

DOCUMENT 1 **Le parcours de citoyenneté**

La formation de tous les jeunes aux enjeux de la défense et de la citoyenneté repose, depuis la loi du 28 octobre 1997 suspendant le service militaire, sur un parcours de citoyenneté. Ce dernier comporte trois étapes obligatoires :

1. L'enseignement de défense, lors de la scolarité (ministère de l'Éducation nationale)	2. Le recensement à 16 ans en mairie (collectivités locales)	3. La Journée défense et citoyenneté – JDC (ministère de la Défense)

Direction du service national, plaquette de présentation, administration centrale, 2015, d'après le site www.ac-poitiers.fr.

DOCUMENT 2 **La défense nationale**

La défense et la sécurité nationale sont l'affaire de tous les Français ; elles requièrent leur confiance dans l'action que mènent les pouvoirs publics et la certitude que ces derniers mettent tout en œuvre pour garantir l'indépendance de la France et assurer la protection de sa population. L'élaboration et la mise en œuvre de la stratégie de défense et de sécurité nationale associent, sous l'autorité du président de la République, l'ensemble des pouvoirs publics, ce qui garantit que cette stratégie exprime la volonté de la Nation. [...] Sa présentation au Parlement en assoit la légitimité et ouvre un nécessaire débat public sur des choix qui engagent la Nation.

Livre blanc sur la Défense, 2013,
www.ladocumentationfrancaise.fr.

▶ **1.** Montrez à l'aide du document 1 que les jeunes Français sont impliqués dans la défense nationale en rappelant les trois étapes du parcours de citoyenneté.

▶ **2.** En vous appuyant sur les deux documents, identifiez au moins quatre acteurs participant à la défense nationale.

▶ **3.** Vous allez devoir participer à la Journée défense et citoyenneté. En vous appuyant sur vos connaissances et les documents, rédigez un paragraphe d'une dizaine de lignes où vous expliquerez pourquoi chaque Française et chaque Français a un rôle dans la défense nationale.

LES CLÉS DU SUJET

Comprendre les documents

• Le **document 1** est une plaquette de présentation du parcours de citoyenneté, dont les trois étapes sont clairement identifiées.

• Le **document 2** est un extrait du *Livre blanc sur la Défense* de 2013, un texte officiel présentant la doctrine française en matière de défense.

Répondre aux questions

▶ **1.** Ne te contente pas de citer ces trois étapes : fais des phrases pour montrer que tu ne fais pas que recopier le document.

▶ **3.** N'oublie pas d'apporter certaines de tes connaissances pour obtenir la totalité des points.

CORRIGÉ 61

▶ **1.** Les jeunes Français sont impliqués dans la défense nationale à travers le parcours de citoyenneté. Celui-ci comporte trois étapes qui sont obligatoires et qui concernent donc tous les jeunes :

- l'enseignement de défense lors de la scolarité, notamment à travers l'enseignement moral et civique (EMC) au collège ;
- le recensement à 16 ans, une opération qui se fait à la mairie du lieu de résidence ;
- la Journée défense et citoyenneté (JDC), à laquelle un jeune doit participer entre sa 16e et sa 25e année.

> GAGNE DES POINTS
> Développe chaque étape, notamment la première, que tu as déjà vécue.

▶ **2.** De multiples acteurs participent à la défense nationale :

- le ministère de l'Éducation nationale, à travers l'enseignement moral et civique dispensé au collège ;
- les collectivités territoriales, comme les communes qui se chargent d'effectuer le recensement ;
- les pouvoirs publics, en particulier le président de la République, qui élaborent et mettent en œuvre la stratégie de défense ;
- la nation, enfin, c'est-à-dire tous les citoyens qui la composent : la défense est l'affaire de tous.

> INFO +
> On aurait pu citer le ministère de la Défense, ou les soldats de l'armée française.

▶ **3.** La défense nationale désigne l'ensemble des moyens et actions mis en œuvre pour garantir l'indépendance nationale, la sécurité du territoire et des populations.

- Participer à la défense nationale fait partie des devoirs de chaque citoyen, tout comme être défendu fait partie de ses droits. Tous les jeunes Français, garçons et filles, sont sensibilisés à ce devoir lors du parcours de citoyenneté, établi depuis la loi de 1997 suspendant le service militaire.
- Certains citoyens peuvent jouer un rôle directement en s'engageant au service de la défense nationale. Les autres jouent également un rôle fondamental par l'élection des représentants chargés de la stratégie de défense nationale.

L'engagement envers la nation est constitutif du pacte républicain. Chaque Française et chaque Français y ont un rôle à jouer.

> CONSEIL
> Conclus en rappelant les termes du sujet.

EMC

SUJET 62

France métropolitaine • Juin 2017

ENSEIGNEMENT MORAL ET CIVIQUE • 10 points

Les grands principes de la Défense nationale

DOCUMENT **Mobilisation des militaires auprès des populations**

Au moment où le Nord-Ouest de la France a connu fin mai 2016 des pluies torrentielles et des débordements de nombreux cours d'eau qui ont généré d'importantes perturbations dans les transports, 10 camions de l'armée de terre ont été déployés, le 2 juin, à la demande du préfet du Loiret pour permettre le transport de plusieurs centaines de personnes bloquées sur les axes routiers vers des zones d'hébergement d'urgence communales. Au total, ce sont 250 militaires qui sont mobilisés depuis un peu plus d'une semaine pour lutter contre les intempéries.

Cette mission de soutien est donc l'occasion de faire un bilan de la participation des forces armées du ministère de la Défense à la lutte contre les intempéries et les feux de forêts sur le territoire national et d'en tirer des conclusions, surtout dans le contexte de resserrement budgétaire et d'état d'urgence dans lequel vit la France.

Source : iFRAP (Fondation pour la recherche sur les administrations et les politiques publiques), article publié le 6 juin 2016.

▶ **1.** Expliquez quelle est la mission confiée aux forces de l'armée de terre dans le document.

▶ **2.** Citez une autre mission confiée aux forces armées sur le territoire national ou à l'extérieur.

▶ **3.** Vous avez été choisi(e) pour représenter la France au prochain sommet de l'Union européenne. Vous êtes chargé(e) de réaliser une note pour présenter une mission des militaires français sur le territoire national ou à l'étranger. Montrez en quelques lignes que l'armée française est au service des valeurs de la République et de l'Union européenne.

LES CLÉS DU SUJET

Comprendre le document

Le document est un article sur la « mobilisation des militaires auprès des populations » en France, publié en 2016 par la Fondation pour la recherche sur les administrations et les politiques publiques. Ce texte récent souligne un aspect du rôle intérieur des armées : le soutien aux populations nationales.

Répondre aux questions

▶ **1.** Il te suffit de reformuler – sans recopier, car on te demande d'expliquer, non de citer – le premier paragraphe.

▶ **2.** Plusieurs missions tant intérieures qu'extérieures sont en cours : tu peux citer celle de ton choix, mais essaie de développer ta réponse en quelques lignes, pour être sûr de gagner tous les points.

▶ **3.** Tu dois intégrer les valeurs de la République et de l'Union européenne : la lutte pour le maintien de la paix et de la liberté peut être un exemple.

CORRIGÉ 62

▶ **1.** La mission confiée aux forces de l'armée de terre est ici la lutte contre les intempéries sur le territoire national. Les pluies torrentielles de 2016 dans le nord-ouest de la France ont parfois bloqué les axes de transport. À la demande du préfet du Loiret, des camions de l'armée ont été déployés pour évacuer des personnes bloquées par les intempéries. Il s'agit donc d'une mission de protection des populations.

Conseil
Donne l'idée générale, puis développe-la en donnant quelques précisions tirées du texte. Rédige une phrase de conclusion qualifiant la mission.

▶ **2.** Une autre mission bien connue des forces armées françaises est l'opération Sentinelle, qui assure la protection des populations françaises sur le territoire national contre une éventuelle attaque terroriste.

▶ **3.**

Présentation de l'opération extérieure Barkhane

Sommet de l'Union européenne
19-20 octobre 2017

Gagne des points
Tu peux titrer et dater ton texte à la façon d'une note pour montrer que tu respectes la mise en situation du sujet.

Les forces armées françaises ont été fréquemment engagées dans des OPEX (opérations extérieures) depuis 2010 : Côte d'Ivoire, Libye, Mali, Centrafrique,

EMC

notamment. À ce jour, plus de 30 000 militaires français sont engagés sur le terrain, ce qui illustre la disponibilité opérationnelle des forces françaises.

L'opération Barkhane, lancée en 2014 et toujours en cours, vise à lutter contre les groupes armés islamistes dans la bande saharo-sahélienne. Elle mobilise 3 000 hommes, appuyés par 200 blindés, des hélicoptères et un soutien aérien.

Cette opération est réalisée en partenariat avec les États de la zone (Mauritanie, Mali, Burkina Faso, Niger et Tchad). La France respecte donc la souveraineté des pays étrangers et mobilise ses moyens au service de la paix, dans la lutte contre le terrorisme international, donc au service des valeurs de la République et l'Union européenne.

Le mémo du brevet

L'essentiel du programme en fiches

1 Civils et militaires dans la Première Guerre mondiale

A Le schéma

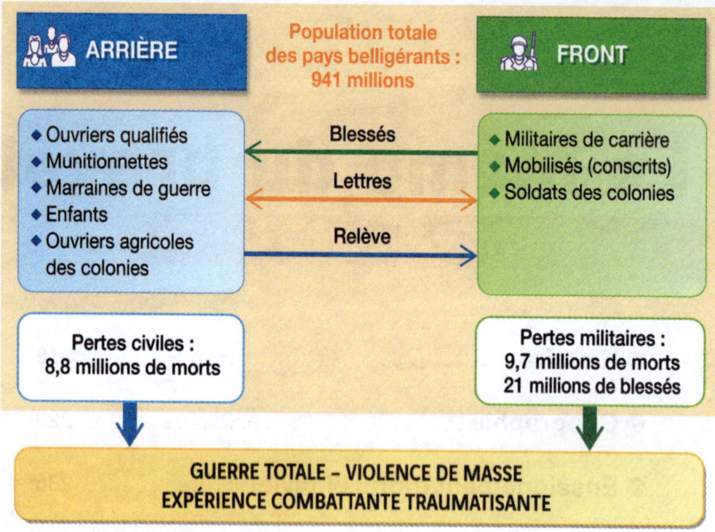

B Le résumé

La Grande Guerre est une guerre totale marquée par la violence de masse.

- Elle mobilise toutes les populations : les **hommes** comme soldats ou comme ouvriers spécialisés ; les **femmes** comme ouvrières, marraines de guerre, infirmières ; les **enfants** utilisés dans les images de propagande, les **ressortissants des colonies** comme soldats ou travailleurs agricoles.
- Les **militaires** sont sous le feu d'armes nouvelles et meurtrières (obus, gaz, chars...), mais les **civils** sont également pris pour cibles (prises d'otages, bombardements, répression, etc.).

C La frise

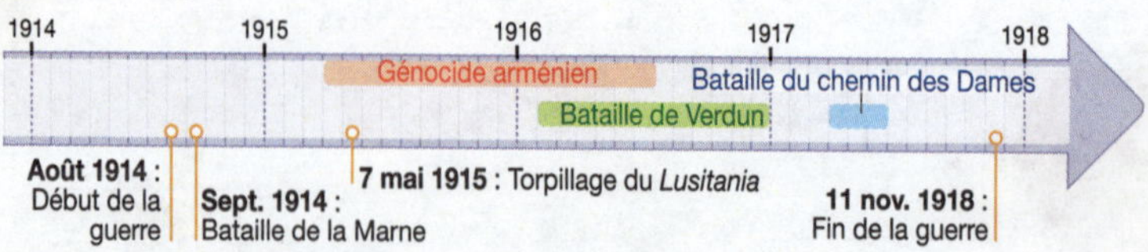

2 Démocraties fragilisées et expériences totalitaires

A Le schéma

	DÉMOCRATIES FRAGILISÉES	EXPÉRIENCES TOTALITAIRES
Principes	◆ Séparation des pouvoirs ◆ Libertés fondamentales ◆ Multipartisme ◆ Droits de l'Homme et du citoyen ◆ État de droit et justice indépendante	◆ Culte de la personnalité ◆ Embrigadement de la jeunesse ◆ Parti unique ◆ Police politique ◆ Terreur et camps
Crises	◆ **Crise économique** (France) Manifestations, grèves ◆ **Crise politique** (France) Tentative de coup d'État, dissolution d'organisations politiques (ligues, PCF)	◆ **Crise économique** Repli autarcique, interdiction des grèves ◆ **Crise politique** (URSS) Dékoulakisation (Allemagne) État d'exception Procès et assassinats politiques ((URSS) Kirov/ (Allemagne) Röhm)

B Le résumé

Après 1918, les traités bouleversent la carte de l'Europe. La démocratie progresse ; mais dans les années 1930, crises et révolutions fragilisent les États.

● Les plus anciennes démocraties font face à des manifestations, mais elles parviennent à surmonter les difficultés. Contre la menace des ligues en France, le **Front populaire** unit la gauche et remporte les élections de 1936.

● Dans les pays plus fragiles, des **régimes totalitaires** s'installent (Allemagne, Italie, URSS). La **violence d'État** élimine les opposants et soumet les peuples à un ordre qui rejette toutes libertés.

C La frise

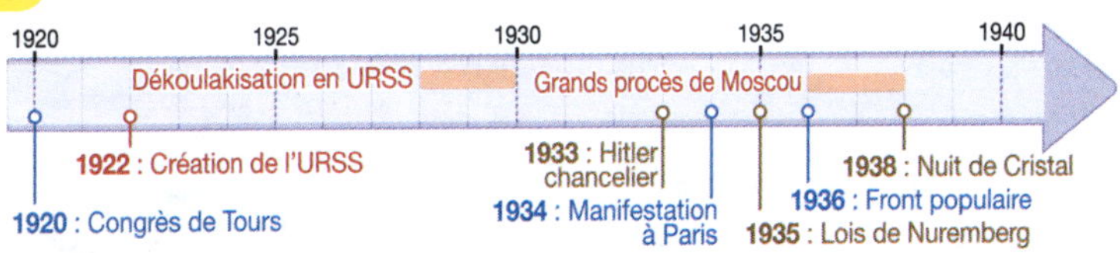

3 La Deuxième Guerre mondiale, une guerre d'anéantissement

A Le schéma

	LES ALLIÉS	L'URSS	L'AXE
Alliances	Royaume-Uni France libre États-Unis Chine	1939-1941 : pacte avec l'Allemagne 1941-1945 : alliée des démocraties	Allemagne Italie Japon États collaborateurs
Violences commises	Bombardements ◆ Hiroshima ◆ Nagasaki ◆ Dresde	◆ Massacre de Katyn ◆ Viols et assassinats en Allemagne de l'Est ◆ Déportation des Tatars de Crimée	◆ Génocide des Juifs et des Tziganes ◆ Massacre de Nankin ◆ Oradour-sur-Glane
Bilan humain	60 millions de morts dont 25 millions de militaires et 35 millions de civils parmi lesquels 5 millions de Juifs = 40 % des Juifs mondiaux		

B Le résumé

- Les **combats** sont meurtriers (Stalingrad), les **bombardements** de villes (Coventry, Dresde) n'épargnent pas les civils.
- Les nazis font régner la terreur dans les régions conquises. Ils commettent des **génocides** (extermination d'une population en raison de sa religion, de son ethnie) et assassinent en masse handicapés, Juifs ou Tziganes. Des vengeances (Oradour) ou des calculs politiques (Katyn) justifient des **massacres de prisonniers** ou de personnes sans défense.
- L'usage de la **bombe atomique** anéantit deux villes japonaises.

C La frise

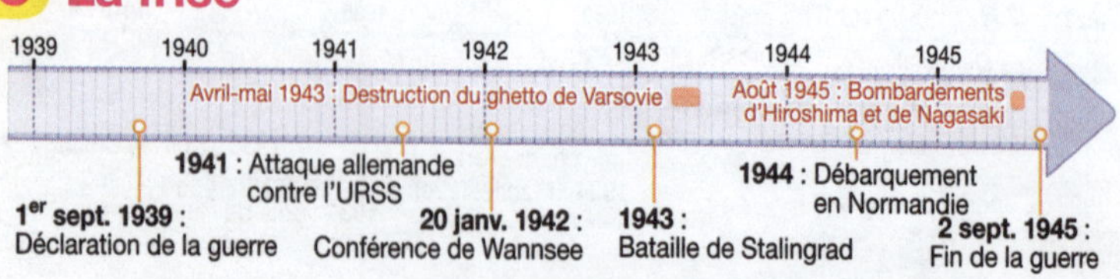

4 La France défaite et occupée. Collaboration et Résistance

A Le schéma

	RÉGIME DE VICHY	FRANCE « LIBRE »
	Pétain, chef de l'État Laval, chef du gouvernement	De Gaulle (Londres) J. Moulin (CNR)
Objectifs	◆ Révolution nationale ◆ France forte dans l'« Europe nouvelle »	◆ Libérer le territoire ◆ Rétablir la démocratie
Politique	**Collaboration** ◆ Économique : aide industrielle, STO ◆ Militaire et policière : bases navales, LVF, milice ◆ Idéologique : déportation de Juifs	**Résistance** ◆ Extérieure : France libre ◆ Intérieure : FFI, FTP ◆ Renseignement, sabotages, aide militaire

B Le résumé

● Engagée dans la guerre, la France subit une humiliante défaite. Le **maréchal Pétain** établit une **dictature** et **collabore** avec l'Allemagne.

● Des Français décident de **résister** depuis Londres (de Gaulle et la France libre) ou dans le pays, en organisant des maquis et des réseaux. Jean Moulin unifie ces mouvements dans un **Conseil national de la Résistance (CNR)**.

● En 1944, la Résistance participe à la **Libération** et un gouvernement provisoire (GPRF) s'emploie à **rétablir la République** en s'appuyant sur le **programme politique du CNR**.

C La frise

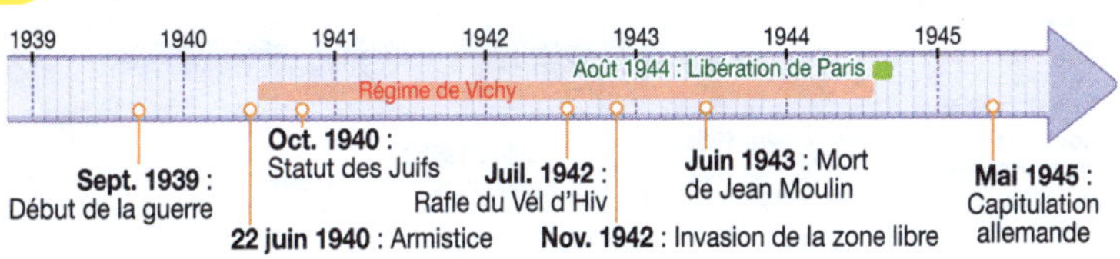

5 Indépendances et construction de nouveaux États

A Le schéma

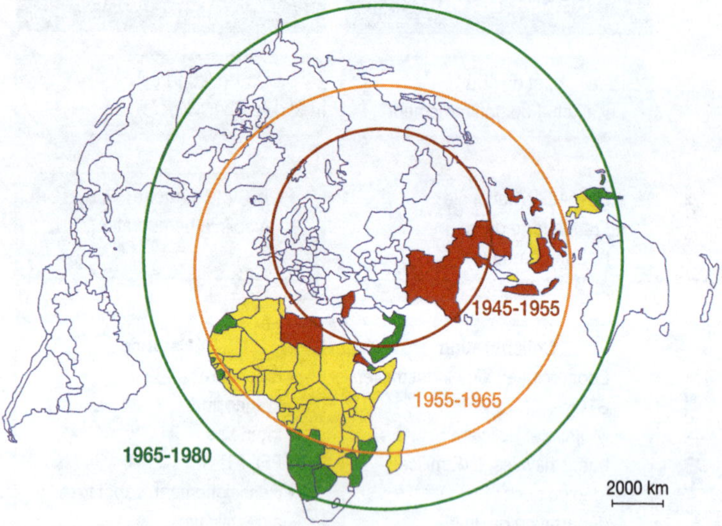

B Le résumé

- Énoncé en 1917, le principe du **droit des peuples à disposer d'eux-mêmes** mobilise les peuples aux côtés des Américains et des Russes lors de la Seconde Guerre mondiale. Dès 1945 se développe un mouvement d'émancipation qui part d'Asie puis atteint l'Afrique. Par la **négociation** (Inde) ou la **guerre** (Indochine, Algérie), les colonies conquièrent leur indépendance.
- Les nouveaux États manquent toutefois de tout et se déclarent solidaires lors de la conférence de **Bandung** (1955). Entre l'Est et l'Ouest, un **tiers-monde** voit le jour, qui peine à trouver sa place sur la scène internationale.

C La frise

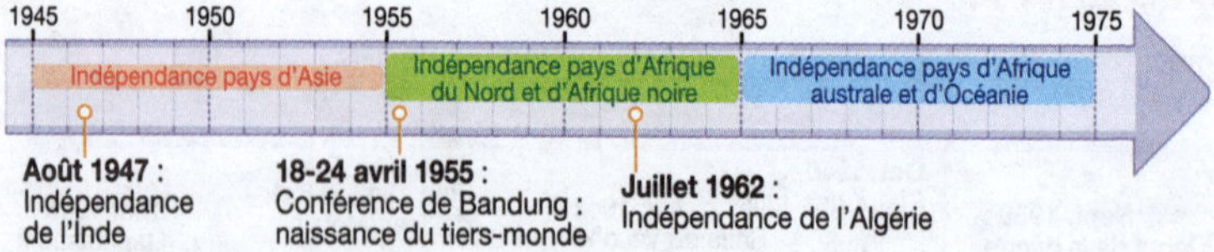

6 Un monde bipolaire au temps de la guerre froide

A Le schéma

	BLOC DE L'OUEST	TERRAINS D'AFFRONTEMENT	BLOC DE L'EST
Puissances	États-Unis	**Pays du tiers-monde** ◆ Corée (1950-1953) ◆ Cuba (1962) ◆ Vietnam (1963-1973) ◆ Afghanistan (1979-1989)	URSS
Alliances	OTAN, OTASE, ANZUS...		Pacte de Varsovie (Europe de l'Est)
Politiques	Démocratie libérale (multipartisme)	**Europe** ◆ Berlin (1948, 1961, 1989) ◆ Euromissiles (1977-1983)	Démocratie populaire (parti unique)
Idéologies	Capitalisme	**Monde**	Communisme
Doctrines	Truman (plan Marshall)	◆ Recherche scientifique ◆ Propagande ◆ Économie	Jdanov (Comecon)

B Le résumé

● Vainqueurs de la Seconde Guerre mondiale, États-Unis et URSS se retrouvent face à face, défenseurs de **modèles de société opposés**. Dès 1947, ils s'affrontent pour imposer leurs idées au monde.

● Ils se combattent sur le territoire d'autres pays (**guerres périphériques**), sur le plan économique, idéologique, culturel ou scientifique. Ils se menacent (**équilibre de la terreur**) sans jamais s'affronter directement.

● En échec, le modèle soviétique cède et l'URSS s'effondre en 1991.

C La frise

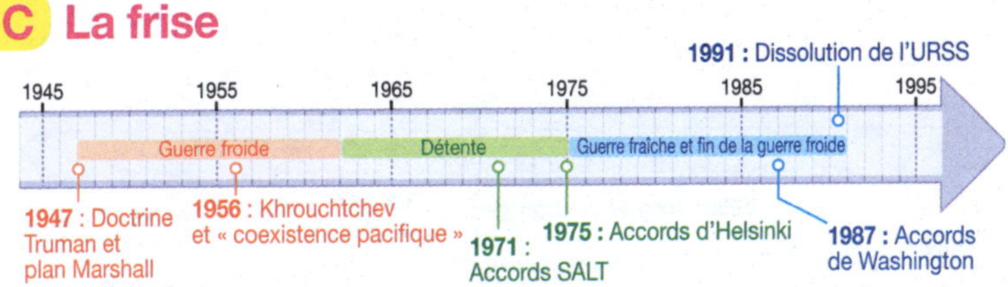

7 Affirmation et mise en œuvre du projet européen

A Le schéma

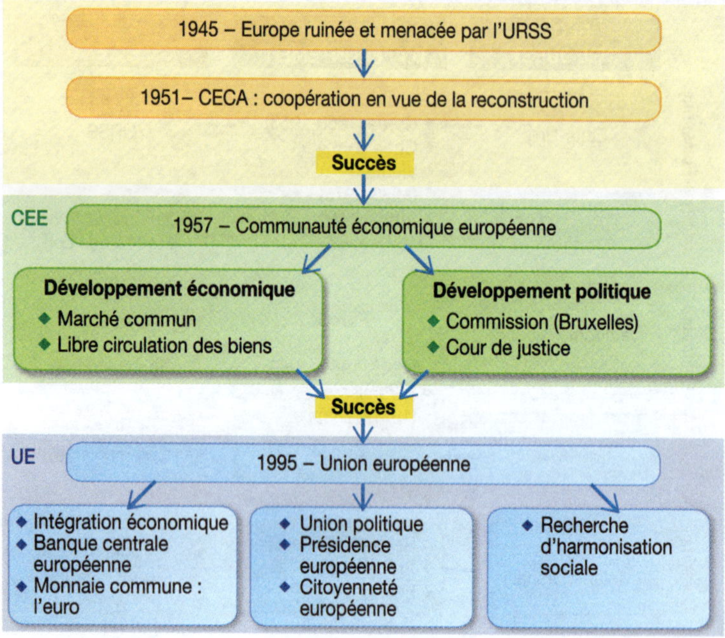

B Le résumé

- L'Europe sort ruinée de la guerre. Pour se reconstruire et préserver la démocratie libérale, **six États** (France, RFA, Italie, Belgique, Pays-Bas et Luxembourg) créent une **communauté économique** (CECA) en mettant en commun leur production de charbon et d'acier. Progressivement, ils établissent entre eux un espace de **libre-échange** (CEE).
- La communauté s'étend et devient la 1re puissance économique mondiale. Les États membres fondent l'**Union européenne**, qui renforce leurs **liens** et compte jusqu'à 28 pays. En 2016, le Royaume-Uni décide d'en sortir.

C La frise

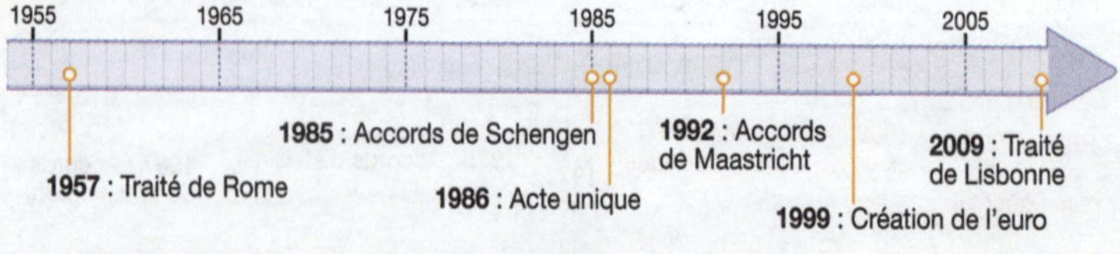

8 Enjeux et conflits dans le monde après 1989

A Le schéma

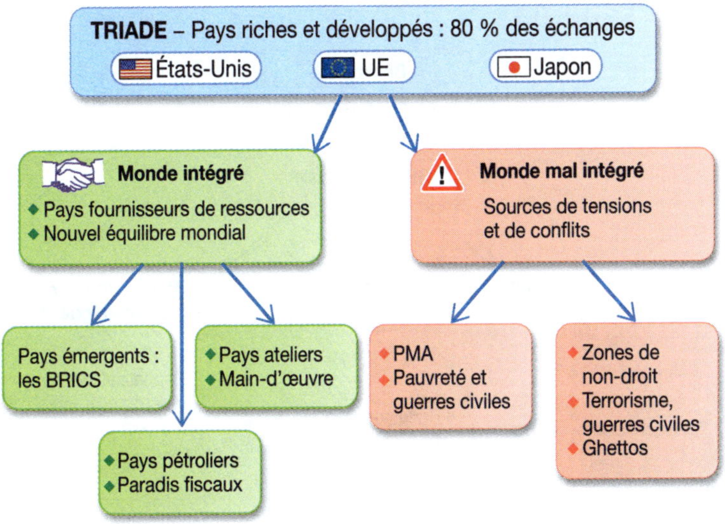

B Le résumé

- Un **nouvel ordre mondial** s'instaure, qui diffuse la prospérité sur toute la planète, mais qui crée aussi des **inégalités sources de tensions**. Les guerres civiles et l'implosion des pays se multiplient.
- Les conflits opposent de plus en plus souvent des États à des organisations non étatiques qui terrorisent les populations dans le cadre de **guerres asymétriques** ou d'**attentats**. Le Proche-Orient est la région la plus déstabilisée. Les conflits qui s'y déroulent ont des répercussions dans le monde entier.

C La frise

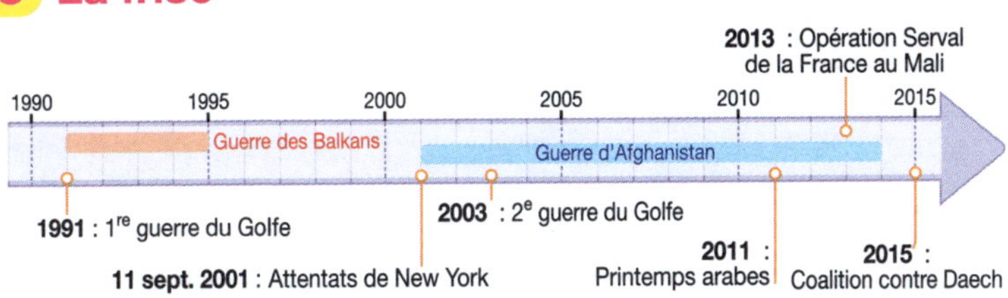

9 1944-1947 : refonder la République, redéfinir la démocratie

A Le schéma

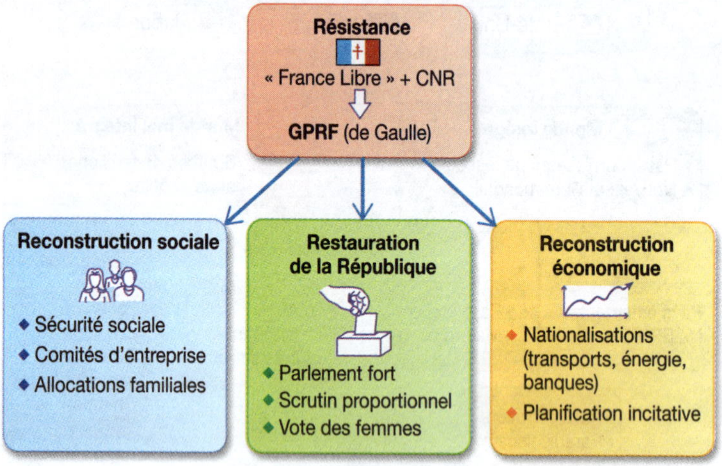

B Le résumé

- La Résistance avait pour but de libérer le territoire de l'occupation allemande ; de restaurer aussi la République. Dès 1944, le Gouvernement provisoire de la République française (GPRF) est institué pour mettre en place le programme du **Comité national de la Résistance** (CNR).
- Inspiré par les idéaux de la gauche, ce gouvernement crée des **aides sociales**, accorde le droit de **vote aux femmes** et **nationalise les entreprises** des secteurs clés pour favoriser la reconstruction des logements et des infrastructures. Après de longs débats, une **Constitution parlementariste** est adoptée. L'Assemblée nationale y occupe une place dominante.

C La frise

10 La Vᵉ République (1958-1995)

A Le schéma

Peuple souverain

LA RÉPUBLIQUE
Président élu au suffrage universel direct (7 ans)

Pouvoirs séparés

Exécutif fort	Législatif contrôlé	Judiciaire
◆ Préside le conseil des ministres ◆ Chef des armées ◆ « Domaine réservé » ◆ Pleins pouvoirs temporaires en cas de crise	◆ Droit de dissolution de l'Assemblée ◆ Pouvoir référendaire ◆ Scrutin majoritaire à deux tours et majorité stable	◆ Droit de grâce ◆ Immunité présidentielle

Limites

- Cohabitation président / Premier ministre
- Haute trahison

B Le résumé

En 1958, de Gaulle dote la France d'une Constitution qui offre d'importants pouvoirs au président placé « au-dessus des partis ».

● Soutenu par une **majorité stable**, de Gaulle utilise les **pleins pouvoirs** quand des généraux mécontents tentent un putsch contre lui (1961). Face à la crise de mai 1968, il dissout l'Assemblée et retourne la situation à son avantage. Ses successeurs ont les moyens de moderniser la France.

● En 1981, l'opposition de gauche remporte pourtant les élections. L'**alternance** ne met pas la République en cause. Elle résiste à la situation de **cohabitation** de 1986 quand la droite devient majoritaire à l'Assemblée.

C La frise

1955 – 1960 – 1965 – 1970 – 1975 – 1980 – 1985 – 1990

- **Oct. 1958** : Adoption de la Vᵉ République
- **Avril 1961** : Putsch d'Alger
- **Oct. 1962** : Référendum sur l'élection du président au suffrage universel direct
- **Mai 1968** : De Gaulle dissout l'Assemblée nationale
- **Mai 1981** : Alternance socialiste
- **Mars 1986** : Cohabitation

11 Femmes et hommes dans la société des années 1950 à 1980

A Le schéma

Institutions remises en cause	◆ Armée ◆ Mariage ◆ Famille ◆ Église	◆ Abrogation du service militaire ◆ Reconnaissance du concubinage ◆ Séparation par consentement mutuel ◆ Chute de la pratique religieuse
Émancipation féminine	◆ Sur le plan de la sexualité ◆ Sur le plan économique ◆ Sur le plan politique	◆ Contraception, IVG ◆ Droit au compte bancaire ◆ Parité
Vieillissement	◆ Hausse de l'espérance de vie ◆ Baisse de la natalité	◆ Réforme des retraites (60 ans) ◆ Allocations familiales
Mixité culturelle	◆ « Américanisation » ◆ Immigration	◆ Droit à la différence ◆ Droit de vote des immigrés ?
Affirmation de la jeunesse	◆ Émergence d'une « classe jeune »	◆ Droit de vote abaissé à 18 ans ◆ Objectif de 80 % de reçus au bac

B Le résumé

Durant les Trente Glorieuses, la France se modernise et les modes de vie changent.

● D'importantes transformations apparaissent : les **femmes** s'émancipent, la **jeunesse** devient une classe d'âge avec des aspirations nouvelles, l'**immigration** pose le problème de l'intégration de populations de cultures différentes et le **vieillissement** soulève la question du financement des retraites.

● Les gouvernements multiplient les **réformes**, mais les solutions ne sont pas toujours à la hauteur.

C La frise

1965 – 1970 – 1975 – 1980 – 1985 – 1990 – 1995 – 2000

- **1967** : loi Neuwirth (droit à la contraception)
- **1974** : loi Veil (droit à l'IVG)
- **1975** : loi Haby (collège unique)
- **1981** : loi Mauroy (retraite à 60 ans, 39 heures)
- **1988** : loi Belorgey (RMI)
- **2000** : loi sur la parité homme/femme en politique

12 Les aires urbaines

A Le schéma

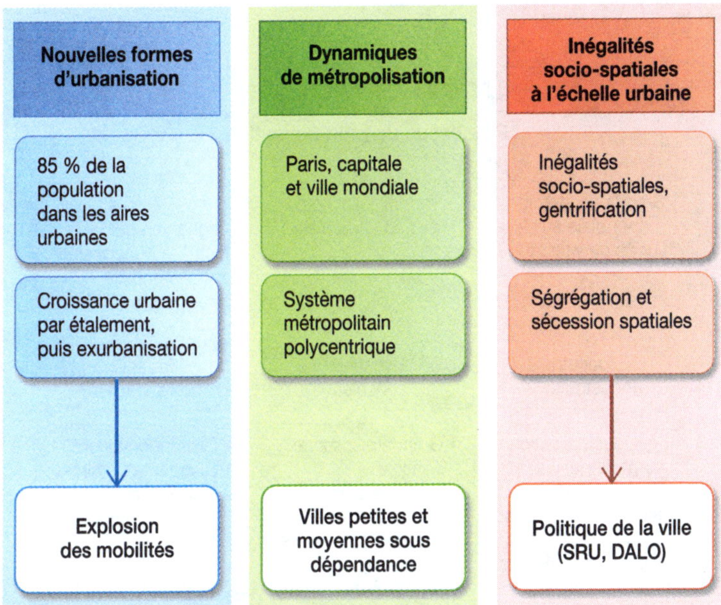

B Les points clés

- **85 %** de la population française résident aujourd'hui dans une aire urbaine.
- La région parisienne compte **12,3 millions** d'habitants, produit **30 %** du PIB français et effectue 40 % des dépenses en R&D.
- **2000 :** loi SRU (loi relative à la solidarité et au renouvellement urbain).
- **2007 :** loi DALO (droit au logement opposable).
- **2014-2015 :** réforme territoriale (création des métropoles, redécoupage de 13 régions en France métropolitaine).

13 Les espaces productifs et leurs évolutions

A Le schéma

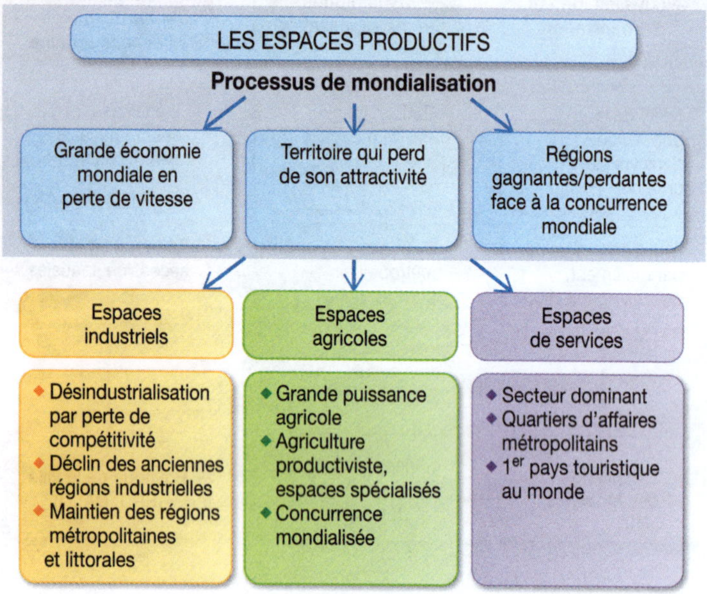

B Les points clés

- Avec un PIB de **2 292 milliards d'euros** en 2017, la France occupe le **5e rang** économique mondial et le **2e rang** dans l'UE. Elle est au **6e rang** des exportateurs mondiaux de marchandises.
- L'**industrie** ne crée plus que **12,5 %** de la valeur ajoutée en 2011 (contre 18 % en 2000).
- 1er producteur agricole européen, la France est aussi le 5e exportateur mondial. L'**agriculture** représente 2,15 % du PIB (6,2 % avec les industries agroalimentaires). Elle rassemble 3 % de la population active et concerne 29 millions d'hectares (53 % du territoire). En 1957 est mise en place la **PAC** (politique agricole commune).
- Le **secteur tertiaire** emploie **76 %** des actifs ; la fonction publique en emploie **19 %**. La France est le **1er pays touristique mondial** avec 89 millions de touristes étrangers qui génèrent plus de 54 milliards d'euros de recettes (7 % du PIB).

14 Les espaces de faible densité et leurs atouts

A Le schéma

LES ESPACES DE FAIBLE DENSITÉ

- 4 millions de Français, moins de 30 hab./km^2
- Espaces ruraux, diagonale du vide
- Retournement démographique : campagnes attractives

Des sociétés en mutation

- Population plus âgée, plus agricole, moins riche
- Coût de la faible densité
- Grande mixité sociale
- Résidences secondaires

Des bases économiques fragiles

- Traditionnelle activité agricole
- Développement rural : sylviculture et énergies renouvelables
- Tourisme vert
- Économie résidentielle

B Les points clés

- La France a une densité moyenne de **119 hab./km^2**.
- **42 % des communes** appartiennent aux espaces de faible densité (moins de 30 hab./km^2) ; **10 % des communes** appartiennent aux espaces désertifiés (moins de 10 hab./km^2).
- Les espaces de faible densité comptent près de **4 millions d'habitants**, dont **0,5 million** dans les espaces désertifiés.
- L'**exode rural** s'est achevé en France dans les années 1970. Entre 2006 et 2011, la population des communes très peu denses a augmenté de **3,3 %**.
- La **surface forestière** augmente en France depuis la seconde moitié du XIXe siècle et atteint aujourd'hui 17 millions d'hectares, soit **31 % du territoire**.

15 Aménager pour répondre aux inégalités croissantes

A Le schéma

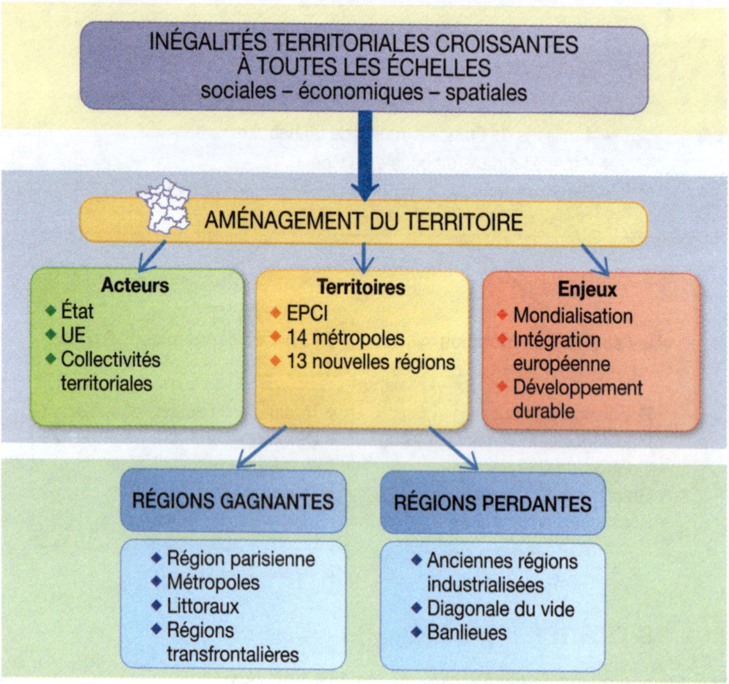

B Les points clés

- L'aire urbaine de Paris concentre **20 %** des personnes vivant en dessous du seuil de pauvreté en France.
- Le taux de pauvreté est plus élevé dans les pôles urbains (**16 %**) que dans les couronnes périurbaines (**10 %**).
- **1963** : création de la DATAR (Délégation interministérielle à l'aménagement du territoire et à l'attractivité régionale).
- **1982, 2003, 2014-2015** : lois de décentralisation.
- **1er janvier 2016** : mise en place de la réforme territoriale créant 13 régions agrandies.

16 Les territoires ultramarins français

A Le schéma

LA FRANCE D'OUTRE-MER

- Statuts divers : DROM, COM...
- « Confettis d'empire insulaires » sur tous les océans
- 2,7 M d'habitants, forte densité, forte fécondité

Problématiques

- Insularité, distance, isolement
- Économie fragile, déséquilibrée et dépendante
- Villes petites et moyennes sous dépendance

Enjeux

- Ressources
- ZEE
- Géostratégie

↓

AMÉNAGEMENT DES TERRITOIRES

Politique de continuité territoriale et de cohésion

- Politiques d'aménagement
- Infrastructures
- Développement durable

B Les points clés

- **1997** : traité d'Amsterdam – les DROM reçoivent le statut de régions ultra-périphériques (RUP).
- Les outre-mer comptent **2,8 millions** d'habitants, soit **4 %** de la population française totale. **2,16 millions** : population des seuls DROM, dont **866 000** pour la seule île de la Réunion. Le taux de fécondité est de **2,4** pour la Réunion et même de **3,49** en Guyane (1,98 en métropole).
- La France bénéficie de la **2e ZEE** (zone économique exclusive) mondiale grâce à son outre-mer.
- En **2003**, la France définit une politique de continuité territoriale. Les RUP françaises reçoivent **3,4 milliards** d'euros de subventions européennes pour 2014-2020.

17 L'Union européenne

A Le schéma

L'Union européenne : un nouveau territoire de référence et d'appartenance

La construction d'un territoire européen	L'aménagement du territoire de l'Union européenne	La France et l'intégration européenne
• 1957 : CEE • 1992 : UE • Intégration politique	• Politiques territoriales • FEDER, fonds structurels • Aide d'urgence (Grèce)	• Intégration européenne • Effet frontière • Interconnexion réseaux
+	+	+
• Marché commun • Espace Schengen • Monnaie unique • Politiques communes	• Mégalopole européenne • 2 villes mondiales • Périphéries sud et est	• Effacement relatif de l'État • Délégation de compétences • Montée des régions
+	+	+
• Europe « à la carte » • Crise de l'euro • Euroscepticisme	• Disparités spatiales N/S et E/O • Centres/périphéries	• Essor des territoires transfrontaliers • Eurorégions

B Les points clés

- **25 mars 1957** : signature du traité de Rome créant la Communauté économique européenne (CEE). Après sept élargissements, l'UE a compté jusqu'à **28 membres**. Cependant, en 2016, le Royaume-Uni décide de s'en retirer (Brexit).
- L'Union européenne est créée par le traité de Maastricht de **1992**.
- **1995** : mise en œuvre des accords de Schengen (26 membres).
- **2002** : lancement de la monnaie unique. La zone euro compte aujourd'hui 19 États membres rassemblant 340 millions d'habitants.
- **75 %** du stock d'IDE investi en France le sont par des pays de l'UE.

18 La France et l'Europe dans le monde

A Le schéma

LA FRANCE dans le monde	L'EUROPE dans le monde
+ **Hard power** ◆ Présence stratégique planétaire ◆ Membre permanent du Conseil de sécurité de l'ONU ◆ Force de frappe nucléaire	+ **Construction et intégration européenne** ◆ Paix ◆ Prospérité
+ **Soft power** ◆ Héritage historique ◆ Francophonie ◆ Exception culturelle	+ **Espace de production mondial** ◆ Ensemble ouvert ◆ Firmes transnationales
− **Croissance économique faible** ◆ Divergence atlantique ◆ Décrochage français ◆ Recul démographique relatif	− **Croissance économique faible** ◆ Divergence atlantique ◆ Concurrence des pays émergents ◆ « Vieux continent »

B Les points clés

- Avec **67 millions** d'habitants, la France compte moins de **0,9 %** de la population mondiale. Le français est la langue officielle de **29 pays** et de **223 millions** de personnes.
- La population de l'Union européenne est de **513 millions** d'habitants. L'industrie européenne représente près de **20 %** de la production mondiale. La part de l'UE dans le PIB mondial est tombée à **21,8 %** en 2017 (Europe : 28 %).
- L'Europe réalise **38 %** du commerce mondial (UE : 32 %, dont les deux tiers intracommunautaires). L'UE émet et reçoit **21 %** des flux d'IDE mondiaux.

19 La sensibilité : soi et les autres

A Citoyenneté française et européenne : des droits et des devoirs

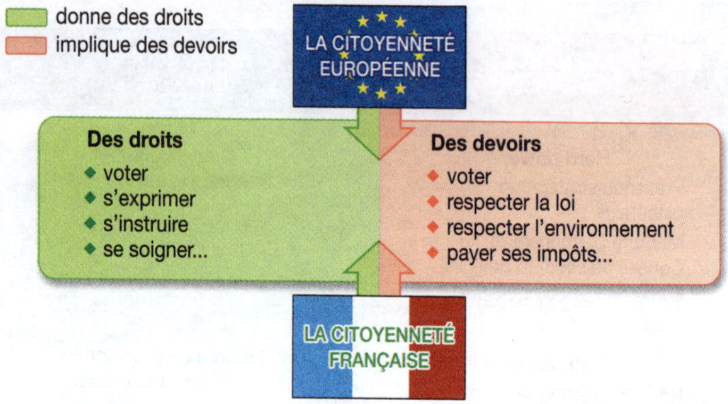

B Les symboles de la Ve République

L'**emblème national** est le drapeau tricolore, bleu, blanc, rouge. L'**hymne national** est *La Marseillaise*. La **devise nationale** reprend les grandes valeurs républicaines : « Liberté, Égalité, Fraternité. » Ces symboles placent le régime républicain dans le prolongement de la Révolution française de 1789.

- **Les trois couleurs nationales** allient le blanc, symbole de la monarchie, au bleu et au rouge, couleurs de la Ville de Paris.

- Composée en 1792 par Rouget de Lisle, ***La Marseillaise*** est l'hymne national depuis 1879.

- **Marianne** incarne la République depuis les années 1880. Son buste est présent dans chaque mairie à côté du portrait du chef de l'État.

- **Le 14-Juillet** est le jour de la fête nationale.

20 Le droit et la règle : des principes pour vivre avec les autres

A Le parcours de la loi

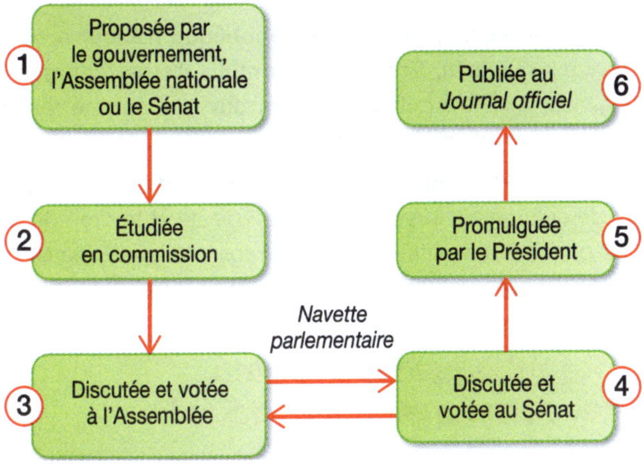

- Le **droit** est l'ensemble des règles qui régissent la conduite du citoyen en société. Chacun doit respecter ces règles communes.
- Les Français sont **égaux en droit**. Tout délit les oblige à comparaître devant un juge. Jusqu'au verdict, le prévenu bénéficie de la **présomption d'innocence** : tant qu'il n'est pas condamné, il est considéré comme innocent des faits qui lui sont reprochés. Tout prévenu a droit à un avocat ; s'il n'a pas les moyens d'en solliciter un, un avocat lui est commis d'office.
- La **prescription** définit le délai à l'expiration duquel une action judiciaire ne peut plus être exercée (on ne peut plus poursuivre le suspect).

B Les symboles de la Justice

La **balance** représente l'équilibre et la mesure. Sur les plateaux sont placés les éléments à charge ou à décharge. Le **glaive** incarne le pouvoir de trancher un litige et de sanctionner. Le **bandeau** symbolise l'impartialité.

C Les droits et devoirs des Français depuis 1789

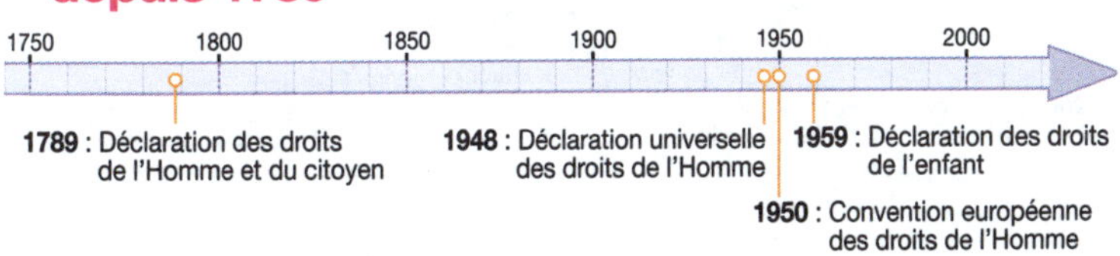

21 Le jugement : penser par soi-même et avec les autres

A La République française, une démocratie

- Les **principes fondamentaux de la République française** sont inscrits dans sa **devise : « Liberté, Égalité, Fraternité »**. Ils se traduisent par des droits intangibles, à la fois politiques et sociaux, qui ont été reconnus aux citoyens par les différents régimes républicains.
- Le principe de liberté induit la liberté individuelle, d'opinion, d'expression, de réunion, de culte, mais aussi la liberté syndicale et le droit de grève, par exemple. Le principe d'égalité induit le suffrage universel, l'égalité entre les sexes, l'égalité devant la loi, devant l'impôt, notamment.

B Une République indivisible, laïque, démocratique et sociale

« Une République indivisible »
Aucune partie du peuple, aucun individu ne peut s'attribuer l'exercice de la souveraineté nationale. Seul le peuple exerce cette souveraineté par la voie de ses représentants ou du référendum.

« Une République laïque »
La laïcité dérive des principes de liberté et d'égalité. Par la séparation des Églises et de l'État, aucune religion n'a de statut privilégié au sein de la République et chaque individu dispose de la liberté de ses opinions et de sa foi.

« Une République démocratique »
Le caractère démocratique de la République implique le respect des libertés fondamentales et la désignation des différents pouvoirs au suffrage universel, égal et secret.

« Une République sociale »
Le caractère social de la République dérive de l'affirmation du principe d'égalité. Il s'agit de contribuer à la cohésion sociale et de protéger les plus démunis.

Les **révisions récentes de la Constitution** ont introduit de nouveaux principes :

2003 2004 2005 2006 2007 2008

2003 : Principe de l'organisation décentralisée de la République

2005 : Charte de l'environnement (développement durable et principe de précaution)

2008 : Égal accès des femmes et des hommes aux mandats électoraux et fonctions électives

22 L'engagement : agir individuellement et collectivement

A Les quatre formes de l'engagement

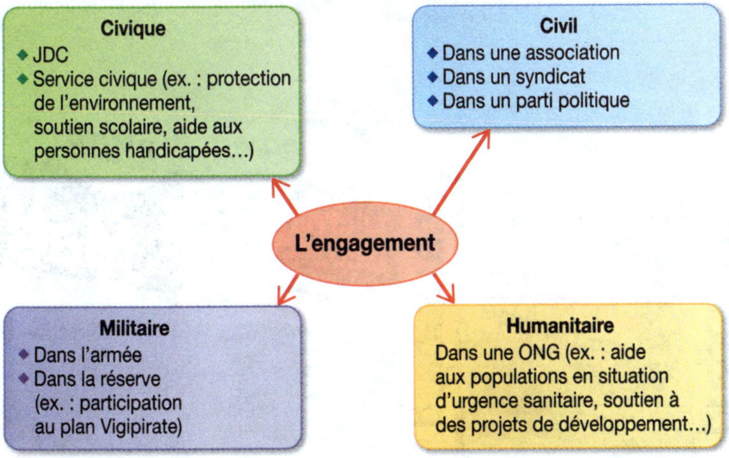

- Le **service civique** est un engagement volontaire que chaque jeune âgé de 16 à 25 ans peut offrir au service de l'intérêt général.
- La **réserve** est un contingent de citoyens qui entretiennent leur formation militaire en vue de missions ponctuelles de la Défense.
- Les **ONG** (**organisations non gouvernementales**) sont des associations à but non lucratif, d'intérêt public et de statut international.

B Les cinq missions de la Défense nationale

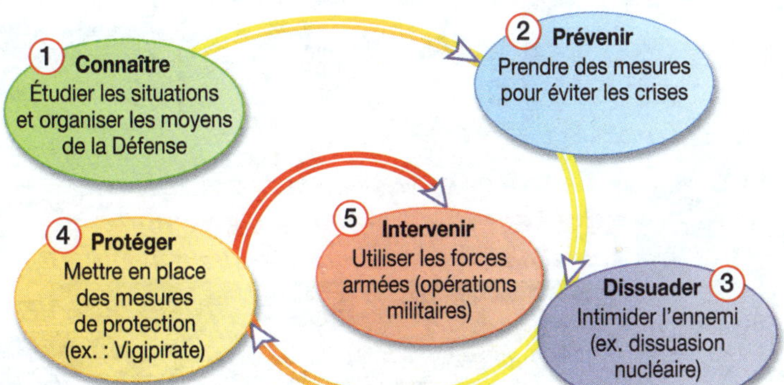

Révise avec le N°1 !
prépabrevet
TOUT-EN-UN
3e NOUVEAU BREVET
Français
Maths
Histoire-Géo/EMC
Physique-Chimie
SVT
Technologie
Anglais
& BREVETS BLANCS
prépabrevet
Cours & entraînement
3e NOUVEAU BREVET
Histoire Géo
cours et méthodes
130 exercices progressifs
sujets de brevet
corrigés
100% EXOS
3e NOUVEAU BREVET
Maths
L'entraînement intensif !
300 EXERCICES progressifs & minutés
50 SUJETS de brevet
CORRIGÉS détaillés & commentés
COURS & MÉTHODES
Nouveau
FICHES BREVET
Français 3e
50 fiches détachables
Des quiz express
Un dépliant-mémo
FICHES BREVET 3e
La compil'
Toutes les épreuves en 200 fiches détachables
Français
Maths
Histoire-Géo EMC
Sciences
Épreuve orale
FICHES BREVET 3e
L'épreuve orale
Tous les outils pour réussir
Méthodes
Exemples de projets
Conseils pour l'oral
tous les ouvrages pour t'entraîner
toute l'année ou dans la dernière ligne droite
GRATUIT
Plus d'exercices et de sujets
sur annabac.com
Savoir faire Faire savoir
Hatier